# PROSPECTUS

D'UNE

# EXPLOITATION AGRICOLE

## A ALGER.

### MARSEILLE.

TYPOGRAPHIE DES HOIRS FEISSAT AINÉ ET DEMONCHY,

RUE CANEBIÈRE, N° 19.

—

**1836.**

16865

# PROSPECTUS

D'UNE

## EXPLOITATION AGRICOLE A ALGER.

La conservation de nos possessions d'Afrique est aujourd'hui assurée et ne peut plus présenter d'incertitudes. L'administration éclairée du maréchal Clauzel fera faire de grands pas à la colonisation de ce beau pays, aujourd'hui surtout que les dernières décisions du gouvernement et des chambres, ont fait évanouir toutes les craintes d'un abandon devenu désormais impossible.

Nous touchons donc au moment où de grandes améliorations vont s'opérer à Alger. Si malgré les entraves et les incertitudes qui ont arrêté jusqu'à ce jour l'essor que doit prendre cette colonie, elle a néanmoins fait de grands progrès, on peut juger facilement de ceux qu'elle fera, lorsque tout contribuera à les encourager.

Les propriétés territoriales ont déjà acquis plus de valeur, mais elles sont appelées encore à de grandes augmentations, car on ne peut se dissimuler que des terres très-fertiles, sous un beau climat, qui permet de cultiver tous les produits des tropiques, placés à deux ou trois journées de distance de la métropole, ne deviennent très-productives et d'une exploitation fort avantageuse, lorsqu'elles seront confiées à des colons capables et ayant les moyens et les connaissances nécessaires pour les bien cultiver.

On a tant écrit sur ce pays, qu'il serait superflu d'entrer ici dans des détails circonstanciés sur la bonté du sol, sur l'activité de la végétation, et sur la réussite de tous les genres de culture qui y ont été essayés. Si jusqu'à ce jour on n'a pas vu de grandes et belles exploitations effectuées, c'est que, outre les causes politiques ci-dessus indiquées, la majeure partie des propriétaires actuels à Alger s'est plutôt occupée à acheter des terres qu'à les cultiver; ils ont mis dans les achats tous les fonds dont ils voulaient ou pouvaient disposer, et comme l'exploitation nécessite dans ce pays autant d'avances que l'achat même du capital, il en est résulté que les quatre cinquièmes des propriétés sont restés incultes.

Cet état de choses ne peut durer, et déjà nous avons vu commencer de belles exploitations qui offrent une perspective brillante; on peut citer entr'autres celles du prince de Mir, celles de M. Vialar, et celles de MM. Mercier et Saussine. Nous ne parlerons pas d'une société parisienne établie à grands frais, dont l'état-major coûtait seul environ 50 à 60 mille francs par année ; de pareilles entreprises ne réussiront jamais, et malheureusement plusieurs établies de cette manière ont dû échouer.

La main-d'œuvre fort chère dans le principe, vu la rareté des cultivateurs, devient chaque jour plus modérée, car l'émigration est grande pour Alger; chaque jour on y voit arriver de nombreux colons qui trouvent tous à s'employer, et bientôt les salaires y seront aux mêmes prix qu'en France, la vie animale y étant à bien meilleur marché.

Sans s'attacher à des cultures problématiques et d'un succès incertain, il en existe une dont la réussite ne peut être douteuse, de nombreux essais ayant été faits, c'est celle du coton; d'après tous les renseignemens pris sur les lieux de production, elle doit offrir des résultats très-avantageux; on pourra en juger par les calculs et les notes qui suivent. Ce serait donc une excellente exploitation que celle qui aurait pour but principal ce genre de culture, en y joignant cependant toutes les autres cultures ordinaires du midi, telles que celles de l'olivier, du mûrier, de l'amandier, dont la production chanceuse dans nos contrées à cause de la rigueur et de l'incertitude des saisons, sera toujours assurée à Alger.

C'est après avoir nous-mêmes visité ces contrées, avoir soigneusement examiné la nature du sol, les essais de toutes espèces de culture, la végétation, la température ordinaire du climat; et c'est avec la certitude de la réussite que nous nous sommes décidés à entreprendre une exploitation agricole, dans laquelle nous offrons de devenir principaux actionnaires.

C'est après nous être assuré la possession d'une des plus belles fermes qui existent dans cette colonie, et après avoir engagé à en accepter la direction l'homme le plus capable de soigner une pareille exploitation, que nous croyons pouvoir affirmer qu'il n'existe aucune entreprise aussi avantageuse, et présentant aussi peu de chances défavorables.

C'est ce que nous allons chercher à démontrer par des détails fort étendus, soigneusement établis, et dont l'exactitude et la véracité ne peuvent être révoqués en doute.

# Détails de la Ferme de Bir-el-Argea.

Cette ferme est située dans la commune de Dell'Ibrahim, à une petite lieue d'Alger, à dix minutes du fort de l'Empereur, sur la grande route des camps de Doueira et de Bouffarik, qui se prolonge jusqu'à la ville de Bélida, au pied du petit Atlas; de toutes les routes nouvelles, c'est la principale et la plus fréquentée. Cette propriété, outre cela, est encore à l'embranchement des routes de Collea et Sidi Ferruch, ce qui rend son exploitation très facile. Elle se trouve aussi à l'abri de toutes excursions des indigènes, car outre la proximité de la ville, elle est tout auprès d'une des principales casernes de cavalerie, et le village de Dell'Ibrahim, qui n'a jamais été en butte à aucune agression, est situé à une lieue au delà de cette ferme.

Sa contenance totale est de trois cents hectares environ; ses limites sont marquées, et les titres de propriété parfaitement en règle. Elle appartenait en principe au ministre des finances du Dey, qui la vendit après la conquête. En 1832 les propriétaires actuels l'achetèrent aux enchères, et elle fut poussée avec les frais à Fr. 38,000. Depuis lors ils y ont ajouté six autres petites fermes. Ils ont fait réparer et construire une grande partie du logement principal, qui était presque ruiné; on a planté en avant du bâtiment, et jusqu'à la grande route, un jardin potager qui est en plein rapport; enfin on a déjà fait beaucoup de plantations d'arbres de toutes espèces.

Le bâtiment construit à la mauresque est très-vaste; il peut suffire au logement de 30 à 40 personnes employées aux travaux de la ferme; il contient aussi un logement particulier pour le propriétaire ou fermier principal; les écuries et remises nécessaires aux chevaux et à tous les bestiaux sont renfermées dans une enceinte carrée qui forme une grande cour autour des bâtimens.

Il y a d'autres habitations sur les diverses fermes qui ont été ajoutées à la première, ce qui permet de subdiviser la propriété entière et de la louer à plusieurs fermiers.

On a fait construire en 1833, sur les bords de la grande route, une fabrique de tuiles et de briques avec les fours et hangars qui lui sont nécessaires; cette fabrique est dirigée par des ouvriers de Marseille; elle peut à peine suffire aux besoins du voisinage, les produits sont toujours vendus à l'avance; le pays manque de ces articles dont la consommation est énorme; on ferait une très-bonne spéculation en construisant de nouveaux fours et hangars, d'autant plus que l'argile se trouve en abondance sur les lieux, et le bois pour chauffer les fours est à meilleur marché qu'en France. En l'état la fabrique est louée à Fr. 3,000 par an, pour deux ans; à l'expiration du bail, on en obtiendra facilement F. 5,000.

Les terres sont toutes sans exception de la meilleure qualité; tous les essais de diverses cultures que l'on y a faits jusqu'à présent y ont parfaitement réussi. Il y avait cette année un champ de tabac que l'on allait voir par curiosité. Le coton récolté en 1834 était très-beau. Les céréales, les pommes de terre, etc., y sont toujours venues dans une proportion incroyable. On a fait de grands semis de mûriers, et il y en a en ce moment environ 10,000 pieds en pépinière. Il y a aussi des pépinières d'amandiers; on a greffé beaucoup d'oliviers sauvages, et il est facile d'en greffer une grande quantité.

Le jardin est arrosé par une source d'eau vive qui se trouve au centre, et qui sert également aux besoins de la tuilerie; il y a dans la maison un puits garni d'une pompe qui élève l'eau jusqu'au 1er étage, et qui remplit des bassins pour les besoins des troupeaux et de la basse-cour. Il y a aussi dans la partie basse de la propriété, une source très-abondante, qui peut servir à l'arrosage d'une partie des terres et qui alimente un ruisseau qui traverse la propriété dans toute sa largeur; cette source est marquée sur toutes les cartes du massif d'Alger.

Tout ce qui n'a pas été défriché jusqu'à ce jour forme une prairie naturelle; le fourrage est donc pour le moment la principale production. En 1834, on en récolta en notre présence 1,200 quintaux métriques. On le vend au gouvernement de dix à douze francs les 100 kil.

Nous nous sommes assuré la possession de cette propriété, pour la nouvelle société, au prix de cent mille francs. Ce prix, qui paraît d'abord élevé, n'est que le simple débours des propriétaires, car voici le compte exact de ce qu'elle leur revient :

Coût de la ferme de Bir-el-Argea aux acheteurs et frais........ F. 38,000
Coût des fermes qui y ont été ajoutées........................ 10,000
Réparations et constructions nouvelles........................ 10,000
Plantations, défrichemens et travaux agricoles................ 10,000
Réparations et capitaux fournis à la deuxième ferme............ 5,000
Coût de la tuilerie, constructions et outils.................... 12,000

F. 85,000
Intérêts de quatre années................................ 15,000

Total........F. 100,000

Tous ces détails sont à la connaissance de ceux qui ont visité et habité Alger, et peuvent aisément être vérifiés, la propriété pouvant être visitée dans toute son étendue.

Aucune propriété ne possède aussi bien que celle-là toutes les conditions nécessaires pour une grande exploitation par sa proximité de la ville d'Alger : situation sur la principale grande route, sécurité contre toute incursion, salubrité complète, car ce quartier éloigné de tous marais est le plus sain de tous ceux qui environnent Alger ; excellens terrains, abondance d'eau, bâtimens suffisans, tout concourt enfin à rendre cette propriété parfaitement convenable.

Le choix d'un bon gérant n'était pas moins indispensable, et en désignant pour cela M. Nadaud, nous croyons avoir trouvé l'homme le plus capable de diriger cette entreprise. Il possède en agriculture les connaissances pratiques et théoriques qu'on peut désirer. Il a habité assez long-temps l'Égypte et y a suivi la culture du coton ; il a long-temps habité Alger et connaît parfaitement la localité. Il parle l'arabe ; il est bon comptable, d'une probité reconnue, d'une grande économie, il se contente d'honoraires très-modiques ; il serait difficile enfin de faire un meilleur choix.

C'est lui qui a dressé les tableaux ci-après qui représentent d'une manière précise et détaillée les dépenses et recettes annuelles qu'on doit se promettre dans cette entreprise. Aucune de ces évaluations n'est exagérée, elles sont toutes appuyées sur des notes explicatives dont on reconnaîtra la justesse, en les examinant attentivement : le résultat de cette opération est superbe. Il paraît même au premier abord extraordinaire ; car quelle est l'entreprise qui, dans le cours de dix années, offre une perspective presque certaine de tripler son capital, ou soit de retirer un intérêt d'environ 34 % de son argent, année commune, et de voir le même capital au bout de quelque temps plus que doublé ou même triplé par la plus value de l'immeuble ? Admettez qu'on se trompe d'un tiers, de la demi, chose impossible, ce placement serait encore très-avantageux. Quelles sont d'autre part les chances de perte ? elles sont presque nulles, car la propriété vaudra toujours au moins 50 p. % du capital, et en supposant que les améliorations qu'on y va faire ne lui donnent qu'une faible valeur de plus, supposition qui n'est guère admissible, on doit penser qu'elle représentera toujours au moins 75 p. % de ce capital. Le plus grand risque de perte serait donc de voir un quart du capital compromis, tandis qu'en cas de réussite on peut le quintupler. Finalement voici le résumé bien calculé de l'opération.

Pour une action de F. 5,000, chaque actionnaire peut recevoir:

| | | | | |
|---|---|---|---|---|
| La 1re année................ | 0 | | | |
| La 2e » ................ | 3 % soit | ................ | F. | 150 |
| La 3e » ................ | 5 % | » ................ | | 250 |
| La 4e » ................ | 10 % | » ................ | | 500 |
| La 5e » ................ | 30 % | » ................ | | 1,500 |
| La 6e » ................ | 40 % | » ................ | | 2,000 |
| La 7e » ................ | 50 % | » ................ | | 2,500 |
| La 8e » ................ | 60 % | » ................ | | 3,000 |
| La 9e » ................ | 70 % | » ................ | | 3,590 |
| La 10e » ................ | 70 % | » ................ | | 3,500 |
| | 338 % soit | | F. | 16,900 |

Ce qui représente bien un intérêt, année commune, de 33 4/5 p. %. Ce résultat paraît prodigieux, incroyable. Il est cependant basé au plus bas, tout a été calculé d'une manière moins favorable qu'on ne peut espérer; et observez cependant qu'outre ce résultat déjà superbe, il restera au bout de dix années une propriété en plein rapport, offrant un produit net et annuel de 50 à 60,000 fr. que l'on peut en ce cas évaluer bien facilement à 500,000 fr.

Il est vrai qu'il faudra attendre la seconde année pour avoir un intérêt modique de ses actions, et la quatrième pour obtenir un dividende en sus de cet intérêt. Cela se conçoit. Dans une entreprise agricole, il faut donner aux plantations, aux jeunes arbres surtout, le temps de se développer; nous avons vu d'autres prospectus d'exploitations qui promettent des produits la première ou la deuxième année: c'est vouloir induire à erreur les actionnaires.

En examinant soigneusement les tableaux ci-après, il sera facile de se convaincre qu'ils ont été établis très-consciencieusement; car il est à la connaissance de tout le monde qu'en évaluant que les blés et grains rendront sept pour un, c'est le rendement de nos plus médiocres terres en France; et nous avons eu nous-mêmes à Alger des rendemens de vingt à quarante pour un. Tous les autres produits sont dans la même proportion. La seule culture un peu moins connue est celle du coton ; mais les nombreux essais faits sur cette propriété même en assurent le résultat. Le produit en est évalué au dessous de ce qu'on en obtient sur tous les lieux de production, et particulièrement en Égypte; c'est sur ces lieux que la personne qui doit diriger les travaux a étudié et suivi cette culture. Nous ne pouvons donc avoir de meilleures données. On peut même remarquer que, dans les tableaux ci-après, l'évaluation du prix des cotons est portée à 100 fr. les 50 kil. et il est bien notoire que, depuis nombre d'années, la qualité de coton Jumel que nous comptons cultiver vaut de 150 à 160 fr. les 50 kil.

Cette affaire ne doit pas être assimilée à ces grandes entreprises faites dans le but seulement de procurer aux directeurs et gérans des avantages particuliers. Nous avons expressément voulu restreindre cette exploitation à des limites peu étendues ; ce qui n'oblige pas à un personnel de direction et d'administration trop nombreux. Il est impossible d'avoir à Alger un directeur ou gérant à appointemens plus modérés. En effet, 2,400 fr. par année sont des honoraires bien modiques pour un homme capable qui s'expatrie ; il est vrai qu'il aura un intérêt dans cette exploitation, cette clause est une garantie pour l'entreprise ; car son intérêt se trouve par ce moyen lié au nôtre. La direction à Marseille, suivie sans aucuns émolumens fixes, ne causera que les frais de remboursement des purs et simples débours, plus ceux d'une commission d'usage très-modique. Il est donc impossible de mettre dans une entreprise plus d'économie et de l'établir de manière à présenter plus de garantie aux divers intéressés.

La meilleure preuve d'ailleurs de la confiance que nous inspire cette opération, est d'y prendre un intérêt majeur. En effet, entre nous, quelques parens et amis, nous avons commencé à souscrire pour une somme importante.

Nous pouvons en outre constater que nous refusons d'un colon arrivé récemment à Alger, pour y établir une plantation de cannes à sucre et une sucrerie, un loyer de 6,000 fr. par année, pour une partie seulement de la propriété, car nous nous réserverions une des fermes et la tuilerie, ce qui nous offrirait un revenu annuel et fixe de 10 à 11,000 fr. La société fait donc dans l'acquisition de cette propriété une affaire sûre et très-convenable.

On doit faire une grande différence d'une propriété connue, placée très-près de la ville d'Alger, à l'abri de toute déprédation et de tous risques, ayant de beaux bâtimens en bon état, de bonnes terres toutes cultivées ou cultivables, de ces propriétés éloignées que personne n'a vues, ni visitées, d'une étendue exagérée ou problématique, d'une nature de terrain inconnu, d'une salubrité non éprouvée, exposées à toutes les chances d'incursions ou de déprédations, sur lesquelles il faudra construire ou rebâtir des maisons qui coûteront fort cher, et que par toutes ces raisons on obtient à de bas prix. Nous soumettons également le projet de l'acte de société que nous avons jugé convenable d'établir pour cette affaire. Nous pensons qu'il renferme toutes les conditions de garantie qu'on peut désirer.

# TABLEAUX

**DES DIVERSES CULTURES, RÉCOLTES ET PRODUITS ANNUELS,**

DES DÉPENSES GÉNÉRALES ET ANNUELLES,

## SITUATION PÉRIODIQUE DE LA CAISSE SOCIALE

## ET APERÇU DES RÉSULTATS.

## DIVISION *de la propriété par soles ou ordre* qu'on se propose de suivre dans les cultures.

Genre de culture que chaque division de la Propriété recevra annuellement.

| n° d'ordre des Terres | Nombre d'Hectares | 1er ANNÉE. | 2e ANNÉE. | 3e ANNÉE. | 4e ANNÉE. | 5e ANNÉE. | 6e ANNÉE. | 7e ANNÉE. | 8e ANNÉE. | 9e ANNÉE. | 10e ANNÉE. | OBSERVATIONS. |
|---|---|---|---|---|---|---|---|---|---|---|---|---|
| 1 | 10 | Froment. | Sainfoin. | Coton 0. | Coton 3 onces. | Coton 3 onces. | Coton 4 onces. | Coton 3 onces. | Avoine. | Sainfoin. | Tabac. | |
| 2 | 10 | Avoine. | id. | Tabac. | Coton 0. | id. 3 onces. | id. 3 onces. | id. 4 onces. | Coton 3 onces. | Avoine. | Sainfoin. | |
| 3 | 10 | Orge. | id. | Coton 0. | Coton 3 onces. | id. 3 onces. | id. 4 onces. | id. 4 onces. | Orge. | Sainfoin. | Coton 0. | |
| 4 | 5 | Pépinière. | Pépinière. | Pépinière. | Pépinière. | Pépinière. | Pépinière. | Pépinière. | Orge. | Sainfoin. | Coton 0. | |
| 5 | 5 | Légumes et Herbages. | Légumes et Herbages. | Légumes et Herbages. | Légumes et Herbages. | Légumes et Herbages. | Légumes et Herbages. | Légumes et Herbages. | Pépinière. | Pépinière. | Pépinière. | |
| 6 | 10 | Tabac. | Coton 0. | Coton 3 onces. | Coton 3 onces. | Coton 4 onces. | Coton 2 onces. | Avoine. | Légumes et Herbages. | Légumes et Herbages. | Légumes et Herbages. | |
| 7 | 10 | Coton 0. | Coton 3 onces. | Coton 3 onces. | id. 4 onces. | id. 3 onces. | Avoine. | Sainfoin. | Tabac. | Coton 0. | id. 3 onces. | |
| 8 | 10 | Friche. | Froment. | Sainfoin. | id. 0. | id. 3 onces. | Coton 3 onces. | Sainfoin. | Tabac. | Orge. | Sainfoin. | |
| 9 | 10 | id. | Avoine. | id. | Tabac. | id. 0. | Coton 4 onces. | Coton 4 onces. | Coton 3 onces. | Orge. | Avoine. | |
| 10 | 10 | id. | Orge. | id. | Coton 0. | id. 3 onces. | id. 2 onces. | id. 4 onces. | id. 4 onces. | Orge. | Sainfoin. | |
| 11 | 10 | id. | Tabac. | Coton 0. | id. 2 onces. | id. 3 onces. | id. 4 onces. | id. 4 onces. | id. 3 onces. | Orge. | Coton 0. | |
| 12 | 10 | id. | Coton 0. | Coton 3 onces. | id. 3 onces. | id. 4 onces. | id. 3 onces. | Tabac. | Coton 0. | Sainfoin. | id. 3 onces. | |
| 13 | 5 | id. | 2000 Mûriers. | 2000 Mûriers. | 2000 Mûriers. | Mûriers. | Mûriers. | Mûriers. | Coton 0. | Coton 2 onces. | id. 3 onces. | |
| 14 | 10 | id. | Friche. | Froment. | Sainfoin. | Coton 0. | Mûriers. | Coton 3 onces. | Coton 4 onces. | Mûriers. | Mûriers. | |
| 15 | 10 | id. | id. | Avoine. | id. | Tabac. | id. 0. | Coton 2 onces. | Coton 4 onces. | Coton 3 onces. | Avoine. | |
| 16 | 10 | id. | id. | Orge. | id. | Coton 0. | id. 3 onces. | id. 3 onces. | id. 4 onces. | id. 4 onces. | Coton 3 onces. | |
| 17 | 5 | id. | id. | 2000 Mûriers. | 2000 Mûriers. | Mûriers. | Mûriers. | Mûriers. | Mûriers. | id. 3 onces. | Orge. | |
| 18 | 10 | id. | id. | id. | Froment. | Sainfoin. | Mûriers. | Coton 3 onces. | Coton 3 onces. | Mûriers. | Mûriers. | |
| 19 | 10 | id. | id. | id. | Avoine. | id. | Coton 0. | id. 0. | id. 3 onces. | Coton 4 onces. | Coton 3 onces. | |
| 20 | 10 | id. | id. | id. | Orge. | id. | Coton 0. | id. 3 onces. | id. 3 onces. | id. 3 onces. | id. 3 onces. | |
| 21 | 5 | id. | id. | id. | id. | 5000 Amandiers. | 5000 Amandiers. | id. 3 onces. | Amandiers. | Amandiers. | Amandiers. | |
| 22 | 5 | id. | id. | id. | id. | Friche. | 5000 Amandiers. | Amandiers. | id. | id. | id. | |
| 23 | 10 | id. | id. | id. | id. | · id. | 4000 Oliviers. | Oliviers. | Oliviers. | Oliviers. | Oliviers. | |
| 24 | 5 | id. | id. | id. | id. | Friche. | Friche. | 2000 Oliviers. (1) | Oliviers. | Oliviers. | Oliviers. | |
| 25 | 25 | id. | id. | id. | id. | id. | id. | Friche. | Friche. | Friche. | Friche. | (1) les 2,000 oliviers... |
| | 200 | Hectares dont se compose l'étendue totale de la propriété. | | | | | | | | | | | |

## TABLEAU APPROXIMATIF des Récoltes que l'on d'hectares qu'occuperont les diverses

obtiendra chaque année de l'exploitation, d'après la quantité cultures pendant les 10 années.

| ANNÉES. | FROMENT. | | AVOINE. | | ORGE. | | SAINFOIN. | | TABAC. | | COTON. | | MURIERS. | | AMANDIERS. | | OLIVIERS. | | FIGUIERS. | | LÉGUMES. | | VERGERS. | | Produit de la taille des arbres. | TOTAL. | NOTES | OBSERVATIONS. |
|---|---|---|---|---|---|---|---|---|---|---|---|---|---|---|---|---|---|---|---|---|---|---|---|---|---|---|---|---|---|
| | Hectares. | Produit. | Hectares. | Produit. | Hectares. | Produit. | Hectares. | Produit. | Hectares. | Produit. | Hectares. | Produit en francs. | Hectares. | Produit en francs. | Hectares. | Produit en francs. | Hectares. | Produit en francs. | Arbres plantés. | Arbres venant à produit. | Produit en francs des arbres venant. | Hectares. | Produit en francs. | Hectares. | Produit en foin et fruits. | | | | |
| 1er | 10 | 84 | 10 | 84 | 10 | 84 | » | » | 10 | 112 | 10 | » | » | » | » | » | » | » | 5 | » | » | 5 | 2000 | 240 | 240 | 504 | 300 | 1 | |
| 2e | 10 | 84 | 10 | 84 | 10 | 84 | 30 | 750 | 10 | 112 | 30 | 55 | 5 | » | » | » | » | » | 5 | 2000 | » | 5 | 2000 | 185 | 185 | 504 | 300 | 5 | |
| 3e | 10 | 84 | 10 | 84 | 10 | 84 | 30 | 750 | 10 | 112 | 60 | 195 | 10 | » | » | » | » | » | 5 | 2000 | 5000 | 2500 | 5 | 2000 | 150 | 150 | 504 | 300 | 6 | |
| 4e | 10 | 84 | 10 | 84 | 10 | 84 | 30 | 750 | 10 | 112 | 90 | 448 | 10 | » | 5 | » | » | » | 5 | 2000 | 5000 | 2500 | 5 | 2000 | 115 | 115 | 504 | 300 | 9 | |
| 5e | » | » | » | » | » | » | 30 | 750 | 10 | 112 | 120 | 728 | 10 | » | 10 | » | » | » | 5 | 2000 | 5000 | 2500 | 5 | 2000 | 110 | 110 | » | 300 | » | |
| 6e | » | » | 10 | 84 | » | » | » | » | 10 | 112 | 140 | 924 | 10 | 500 | 10 | » | 10 | » | 5 | 4000 | 5000 | 2500 | 5 | 2000 | 100 | 100 | 168 | 300 | 3 | |
| 7e | » | » | 10 | 84 | » | » | 10 | 250 | 10 | 112 | 130 | 1008 | 10 | 1500 | 10 | » | 10 | 5 | 5 | 2000 | 5000 | 2500 | 5 | 2000 | 95 | 95 | 168 | 300 | 4 | |
| 8e | » | » | 10 | 84 | 20 | 168 | 10 | 250 | 10 | 112 | 110 | 896 | 10 | 2500 | 10 | 500 | 10 | 5 | 5 | » | 5000 | 2500 | 5 | 2000 | 95 | 95 | 504 | 300 | 7 | |
| 9e | » | » | 10 | 84 | 20 | 168 | 30 | 750 | 10 | 112 | 90 | 728 | 10 | 3600 | 10 | 1500 | 10 | 4 | 5 | » | 5000 | 2500 | 5 | 2000 | 95 | 95 | 504 | 300 | 2 | |
| 10e | » | » | 20 | 168 | 10 | 84 | 30 | 750 | 10 | 112 | 90 | 504 | 10 | 4500 | 10 | 2500 | 10 | 1600 | 5 | » | 5000 | 2500 | 5 | 2000 | 95 | 95 | 504 | 300 | » | |

OBSERVATIONS :

FROMENT. ...

AVOINE. ...

ORGE. ...

SAINFOIN. Le rendement est calculé en qx. métriques.

TABAC. Idem.

COTON. Idem. — Voir le tableau précédent pour le calcul des produits de chaque terre cultivée en coton, suivant l'époque de sa plantation.

MURIERS. Le produit calculé se forme à partir de la 5e année de la plantation.

AMANDIERS. Idem.

OLIVIERS. Id.

FIGUIERS. Le produit des olivers rendu calculé est entre franc de 5e cent. par pied.

LÉGUMES. Produits calculés en francs.

VERGERS. Supportant une haie naturel par hectare.

TAILLE. Provenant des oliviers. Calculé en quintal métrique.

# APERÇU

*Des Produits de la Pépinière pendant les 10 années.*

Elle nécessitera 1 Maître Jardinier Pépiniériste.
2 Valets du Pépiniériste.

La Pépinière occupera un espace de cinq hectares. En espaçant les sujets à un mètre de distance en tout sens les uns des autres, ce qui est beaucoup pour diverses espèces, cette Pépinière pourra recevoir.................................................................. 50,000 arbres.

Il convient d'en déduire :

1° Pour espaces perdus pour les sentiers de communication qu'il faudra laisser dans la Pépinière........................... 5,000
2° Pour les arbres morts ou mal venus qu'on ne pourra ni vendre ni planter............................................. 5,000 } 10,000

On peut donc calculer qu'elle contiendra............................ 40,000 arbres

Dans les dix ans on pourra la renouveler au moins deux fois......... 40,000

On obtiendra donc par les deux plantations......................... 80,000 arbres

Sur cette quantité on plantera dans la Propriété :

| | | |
|---|---|---|
| la 2ᵉ année | ..................................... | 2,000 mûriers. |
| la 3ᵉ » | ..................................... | 2,000 » |
| la 4ᵉ » | ..................................... | 2,000 amandiers. |
| la 5ᵉ » | ..................................... | 2,000 » |
| la 6ᵉ » | ..................................... | 4,000 oliviers. |
| la 7ᵉ » | ..................................... | 2,000 futaies. |

En tout............................ 14,000 arbres.

On vendra la 3ᵉ année................... 5,000 arbres
»  la 4ᵉ »  ............................ 5,000 »
»  la 5ᵉ »  ............................ 5,000 »
»  la 6ᵉ »  ............................ 5,000 »
»  la 7ᵉ »  ............................ 5,000 »
»  la 8ᵉ »  ............................ 5,000 »
»  la 9ᵉ »  ............................ 5,000 »
»  la 10ᵉ » ............................ 5,000 » } 40,000 »

Il restera en Pépinière la 10ᵉ année .................................... 26,000 arbres.

TOTAL...................... 80,000 arbres.

Les 40,000 arbres vendus à 50 c font la somme de.................................. F. 20,000.
Les 26,000 restant à vendre la 10e année feront............................................ 13,000.

Total................... F. 33,000.

Salaires d'un Pépiniériste à 600 fr par an, pour 10 ans.............. F. 6,000.
Id.    de deux valets à 300 fr. id.    id.    .................... 6,000. } 22,950.
Nourriture des 3 hommes à 1 fr. par jour, pour 10 ans ................ 10,950. )

Bénéfices de la Pépinière pendant les 10 années ................................. F. 10,050.

Il faut ajouter à ces bénéfices les 14,000 arbres plantés sur la propriété et qui n'auront rien coûté à la Société.

*Nota.* Voir pour les détails la Note n° 3.

3

# APERÇU

## DES DÉPENSES GÉNÉRALES ET ANNUELLES.

### DÉPENSES DE PREMIER ÉTABLISSEMENT.

| | | | |
|---|---|---|---|
| 1 Grande Charrue de Mathieu de Dombasle | Nº 13. | F. | 120. |
| 1 Charrue de Benoît de Lyon | " | | 100. |
| 2 id. à l'Américaine, à F. 70 | " | | 140. |
| 3 Araires de Provence, à F. 15 | " | | 45. |
| 2 Herses à dents de fer, à F. 70 | " | | 140. |
| 2 Charrettes de la portée de 30 à 40 qx | " | | 140. |
| 17 Chevaux { 4 pour les 2 charrues américaines / 3 pour les 3 araires / 2 pour les deux herses / 6 pour les deux charrettes / 2 jumens poulinières } à F. 300 | " | | 5,100. |
| 1 Ane tunisien pour étalon | " | | 100. |
| 2 Harnais pour limoniers, à F. 75 | " | | 150. |
| 13 id. pour chevaux de trait, à F. 45 | " | | 585. |
| 2 id. pour chevaux de selle, à F. 75 | " | | 150. |
| 1 Bât pour l'âne | " | | 6. |
| 12 Bêches provençales, à F. 8 | " | | 96. |
| 12 Bichards, à F. 7 | " | | 84. |
| 12 Pics plats et pointus, à F. 6 | " | | 72. |
| 1 Pince en fer pour soulever les pierres | " | | 30. |
| 1 Masse en fer pour rompre les pierres | " | | 12. |
| 1 Hache pour fendre le bois et son jeu de cognets | " | | 12. |
| 50 Faux montées, à F. 6 ; 10 Enclumes, à F. 4, et Pierres à aiguiser | " | | 350. |
| 1 Van et un Crible pour les grains | " | | 9. |
| 3 Fanaux et 3 Fourches à dents de fer pour les écuries | " | | 16. |
| 25 Râteaux à dents de bois, à F. 1 50 | " | | 37. |
| 6 » à dents de fer, à F. 10 | " | | 60. |
| 50 Fourches en bois, à F. 1 50 | " | | 75. |
| 10 Pelles id. à 2 | " | | 20. |
| 3 Brouettes, à F. 20 | " | | 60. |
| 50 Filets en corde pour le foin, à F. 5 | " | | 250. |
| 300 Brebis, à F. 6 | 10 | | 1,800. |
| Ustensiles de ménage, Meubles pour la ferme et le gérant, environ | " | | 2,000. |
| Objets divers et imprévus non compris ci-dessus | " | | 2,000. |

TOTAL des Frais de Premier Établissement................. F. 14,219.

*Report des Frais de Premier Établissement ci-contre*............ F. 14,219.

## DÉPENSES DE LA PREMIÈRE ANNÉE.

| | | | |
|---|---|---|---|
| 1 Gérant.......................................................... | N° 14. | F. | 2,400. |
| 1 Commis de bureau............................................ | 15 | | 800. |
| 1 Garde-terre.................................................... | 16 | | 600. |
| 1 Maître Valet................................................... | 17 | | 700. |
| 1 Pépiniériste.................................................... | 18 | | 660. |
| 2 Valets pour la Pépinière, à F. 300........................ | » | | 600. |
| 1 Maçon.......................................................... | 19 | | 500. |
| 1 Manœuvre..................................................... | » | | 300. |
| 1 Berger, à F. 45 par mois................................... | 20 | | 540. |
| 1 Valet de bergerie............................................. | » | | 300. |
| 1 Porcher........................................................ | » | | 300. |
| 1 Maître Laboureur............................................ | 21 | | 500. |
| 7 Valets de labour, à F. 300................................. | » | | 2,100. |
| 5 Valets de ferme, à F. 300.................................. | » | | 1,500. |
| 10 Femmes, à F. 15 par mois................................ | 22 | | 1,800. |
| 35 | | | |

Montant des Salaires.................... F. 13,540.

10 Colons que l'on gardera en subsistance jusqu'à ce qu'ils aient trouvé de l'emploi, et qui travailleront cinq jours de la semaine en paiement de leur nourriture.        23

45 Personnes à nourrir, à 1 fr. par jour, pour un an..................    16,425.

17 Chevaux à nourrir, à 10 kil. foin et 8 litr. avoine ou orge par jour et par cheval, soit 90 c. foin et 75 c. avoine, ou 1 fr. 65 c. par cheval..   10,238.

Salaires des hommes; nourriture desdits et des chevaux......... 40,203

Achat pour semences de 12 ch⁰ˢ froment...... à F. 20.......... F. 240

| | | | |
|---|---|---|---|
| 12 » orge......... | 15......... | 180 | |
| 12 » avoine....... | 15......... | 180 | |
| 72 » graine sainfoin | 16......... | 1,152 | |

Semences diverses, coton, tabac, légumes, etc................ 500    12,052

Fumier, environ.................................................. 4,000

Frais généraux d'exploitation, environ......................... 4,000

Rentes perpétuelles de la propriété............................. 1,800

} 52,255.

Total des Dépenses de la 1ʳᵉ Année.................. F. 66,474.

*Transport des Dépenses de la Ire Année*.................... F. 66,474.

**2me ANNÉE.**

| | | |
|---|---|---|
| Dépenses d'exploitation comme la Ire Année................. F. 52,255 | | |
| Frais d'emballage et cueillette des cotons , calculés au 10e de la valeur de la récolte................................. | 1,120 | 55,495. |
| Frais de la récolte de tabac , calculés au 8e de la valeur.... | 1,120 | |
| Plantation de 2,000 mûriers , à 50 c...................... | 1,000 | |

**3me ANNÉE.**

| | | |
|---|---|---|
| Dépenses d'exploitation comme la Ire Année................. | 52,255 | |
| Frais pour la récolte des cotons.......................... | 3,920 | 58,295. |
| Id.        des tabacs......................... | 1,120 | |
| Plantation de 2,000 mûriers , à 50 c...................... | 1,000 | |

**4me ANNÉE.**

| | | |
|---|---|---|
| Dépenses d'exploitation comme la Ire Année ................ | 52,255 | |
| Un nouveau laboureur , à F. 300 , et sa nourriture......... | 665 | |
| Un Cheval et son harnais de trait......................... | 345 | |
| Achat d'un 4e araire pour les binages...................... | 15 | 64,962. |
| Nourriture du nouveau cheval............................ | 602 | |
| Frais pour la récolte des cotons.......................... | 8,960 | |
| Id.        des tabacs..................... | 1,120 | |
| Plantation de 2,000 amandiers , à 50 c.................... | 1,000 | |

**5me ANNÉE.**

| | | |
|---|---|---|
| Dépenses d'exploitation comme la 4e Année , moins les semences de grains et de sainfoin.............................. | 51,770 | |
| Salaires de 2 nouveaux charretiers , à F. 300 par an.......... | 600 | |
| Id.       1 nouveau laboureur....... id. ............. | 300 | |
| Id.       5 nouvelles femmes , à F. 15 par mois........... | 900 | |
| Nourriture des 8 nouvelles personnes ..................... | 2,920 | |
| Id.      de 9 nouveaux chevaux...................... | 5,420 | |
| Frais pour la récolte des cotons.......................... | 14,560 | |
| Id.        des tabacs................... | 1,120 | |
| Plantation de 2,000 amandiers................... | 1,000 | 96,670. |
| *Achats et constructions nouvelles la 5e Année.* | | |
| Achat de 2 nouvelles charrettes plus fortes , à F. 450........ | 900 | |
| Id       1 nouvel araire pour les binages ................. | 15 | |
| Id.       9 chevaux pour les charrettes et l'araire ........... | 2,700 | |
| Id.       2 harnais de limon , à F. 75.................... | 150 | |
| Id.       7 Id.    de trait , à F. 45.................... | 315 | |
| Remplacement d'ustensiles et instrumens aratoires usés........ | 3,000 | |
| Construction d'un hangar pour les cotons .................. | 5,000 | |
| Id.        d'une nouvelle écurie...................... | 2,000 | |
| Id.        de six nouvelles chambres sur les terrasses..... | 4,000 | |

*A reporter*................. F. 341,896.

*Transport des Dépenses à la 5e Année* ..................... F. 341,896.

**6me ANNÉE.**

| | |
|---|---|
| Salaires et nourriture de 54 personnes et 27 chevaux attachés à la ferme la 5e Année ................................ F. 51,610 | |
| Nourriture et salaire d'un nouveau laboureur ................ 665 | |
| Nourriture d'un nouveau cheval ............................ 602 | |
| Achat d'un 6e araire pour les binages ...................... 15 | |
| Id. d'un nouveau cheval ............................ 300 | |
| Id. son harnais de trait ............................ 45 | |
| Id. de 12 charges avoine, à F. 15 .................. 180 | |
| Id. de 24 d° graine de sainfoin, à F. 16 ........ 384 | |
| Id. de semences de coton, tabac, légumes, etc. ...... 500 | |
| Rentes perpétuelles de la propriété ...................... 1,800 | |
| Fumier, environ .......................................... 4,000 | |
| Frais généraux imprévus .................................. 5,000 | |
| Frais pour la récolte des cotons .......................... 18,480 | |
| Id. des tabacs .......................... 1,120 | |
| Plantation de 4,000 oliviers .............................. 2,000 | |

86,701.

**7me ANNÉE.**

| | |
|---|---|
| Salaires et nourriture de 55 personnes et 28 chevaux comme la 6e Année ................................................ 52,877 | |
| Achat de 12 charges avoine, à F. 15 ...................... 180 | |
| Id. de 24 d° graine de sainfoin, à F. 15 ........ 384 | |
| Id. de semences de coton, tabac, légumes, etc. ...... 500 | |
| Id. de fumier ...................................... 4,000 | |
| Rentes perpétuelles de la propriété ...................... 1,800 | |
| Frais généraux imprévus .................................. 6,000 | |
| Id. pour la récolte des cotons .................. 20,160 | |
| Id. des tabacs .................. 1,120 | |
| Plantation de 2,000 futaies .............................. 1,000 | |

88,021.

**8me ANNÉE.**

| | |
|---|---|
| Salaires et nourriture comme la 7e Année ................ 52,877 | |
| Achat de 12 charg. avoine et 24 charg. orge, à F. 15 ...... 540 | |
| Id. de 72 charg. graine de sainfoin, à F. 16 ...... 1,152 | |
| Id. de semences de coton, tabac, légumes, etc. ...... 500 | |
| Id. de fumier ...................................... 4,000 | |
| Rentes perpétuelles de la propriété ...................... 1,800 | |
| Frais généraux .......................................... 7,000 | |
| Frais pour la récolte des cotons .......................... 17,920 | |
| Id. des tabacs .......................... 1,120 | |

86,909.

*A reporter* ............... F. 603,527.

*Transport des Dépenses à la 8ᵉ Année* ....................... F. 603,527.

|  | | |
|---|---|---|
| **9ᵐᵉ ANNÉE.** | Salaires et nourriture comme la 7ᵉ Année ............... F. 52,877 | 84,549. |
| | Achat de 12 charg. avoine et 24 charg. orge................ 540 | |
| | Id. de 72 dᵒ graine de sainfoin............... 1,152 | |
| | Id. de semences de coton, tabac, etc................ 500 | |
| | Id. de Fumier .................................... 4,000 | |
| | Rentes perpétuelles ................................. 1,800 | |
| | Frais généraux..................................... 8,000 | |
| | Frais pour la récolte des cotons ....................... 14,560 | |
| | Id. des tabacs............................ 1,120 | |

|  | | |
|---|---|---|
| **10ᵐᵉ ANNÉE.** | Salaires et nourriture comme la 7ᵉ Année................... 52,877 | 82,069. |
| | Achat de semences comme à la 9ᵉ Année.. ............... 2,192 | |
| | Id. de fumier..................................... 4,000 | |
| | Rentes perpétuelles................................. 1,800 | |
| | Frais généraux..................................... 10,000 | |
| | Frais pour la récolte des cotons ....................... 10,080 | |
| | Id. des tabacs ....................... 1,120 | |

TOTAL des Dépenses pendant les dix Années........ F. 770,145.

# APERÇU
## DES PRODUITS ANNUELS.

( Voir l'*Aperçu des Récoltes annuelles.* )

**1re ANNÉE.**

84 charges froment, à F. 20 la charge.............. N° 1   F. 4,680
84 charg. avoine et 84 charg. orge, à F. 15 la charg...   1   2,520
504 qx. métriq. paille, à F. 9 les 100 kil...............   2   4,536
112   id.   tabac, à F. 80   id.   ..............   5   8,960
240   id.   foin naturel, à F. 9   id.   .............   7   2,160

*Produits divers et annuels.*   F. 33,006.

Légumes et herbages évalués à............. F. 2,000   4
Vente de 200 agneaux, à F. 3...........   600   10
Id.   de 750 kil. laine, à F. 1............   750   10   13,150.
Produit annuel de la tuilerie...............   3,000   11
Bénéfice du commerce des bœufs...........   5,000   10
Id.   des cochons.........   1,800   10

**2me ANNÉE.**

Froment, orge, avoine et paille comme la 1re Année..   »   8,736
750 qx. métriq. sainfoin, à F. 9 les 100 kil......   8   6,750
112   id.   tabac, à F. 80   id.   ......   »   8,960   50,461.
56   id.   coton, à F. 200   id.   ......   6   11,200
185   id.   foin naturel à F. 9   id.   ......   »   1,665
Produits divers comme la 1re Année...............   »   13,150

**3me ANNÉE.**

Froment, avoine, orge et paille comme la 1re Année...   »   8,736
750 qx. métriq. sainfoin, à F. 9, les 100 kil......   »   6,750
112   id.   tabac. à F. 80   id.   ......   »   8,960   80,646.
196   id.   coton. à F. 200   id.   ......   »   39,200
150   id.   foin naturel, à F. 9   id.   ......   »   1,350
Vente de 5,000 arbres de la pépinière, à 50 c. la pièce.   3   2,500
Produits divers comme la 1re Année...............   »   13,150

**4me ANNÉE.**

Froment, avoine, orge et paille comme la 1re Année........   8,736
750 qx. métriq. sainfoin, à F. 9 les 100 kil.............   6,750
112   id.   tabac, à F. 80   id.   ...........   8,960   130,731.
448   id.   coton, à F. 200   id.   ...........   89,600
115   id.   foin naturel, à F. 9   id.   ...........   1,035
Vente de 5,000 arbres de la pépinière, à 50 c......   2,500
Produits divers comme la 1re Année...............   13,150

À reporter............... F. 294,844.

*Transport des Produits à la 4e Année*...................... F. 294,844.

**5me ANNÉE.**

| | | | |
|---|---|---|---|
| 750 qx. métriq. sainfoin, | à F. 9 les 100 kil............. F. | 6,750 | |
| 112 id. tabac, | à F. 80 id. · ............. | 8,960 | |
| 728 id. coton, | à F. 200 id. ............. | 145,600 | 177,950. |
| 110 id. foin naturel, à F. 9 id. ............. | | 990 | |
| Vente de 5,000 arbres................................ | | 2,500 | |
| Produits divers comme la Ire Année...................... | | 13,150 | |

**6me ANNÉE.**

| | | | |
|---|---|---|---|
| 84 charg. avoine, à F. 15 la charg.................... | | 1,260 | |
| 168 qx. métriq. paille, | à F. 9 les 100 kil............. | 1,512 | |
| 112 id. tabac, | à F. 80 id. · ............. | 8,960 | |
| 924 id. coton, | à F. 200 id. ............. | 184,800 | 213,582. |
| 100 id. foin naturel, à F. 9..................... | | 900 | |
| Produit des arbres plantés depuis la 2e Année.............. | | 500 | |
| Produits divers comme la Ire Année...................... | | 13,150 | |
| Vente de 5,000 arbres................................ | | 2,500 | |

**7me ANNÉE.**

| | | | |
|---|---|---|---|
| Avoine et paille comme la 6e Année.................... | | 2,772 | |
| 250 qx. métriq. sainfoin, | à F. 9 les 100 kil............. | 2,250 | |
| 112 id. tabac, | à F. 80 id. ............. | 8,960 | |
| 1008 id. coton, | à F. 200 id. ............. | 201,600 | 233,587. |
| 95 id. foin naturel, à F. 9 id. ............. | | 855 | |
| Vente de 5,000 arbres................................ | | 2,500 | |
| Produit des arbres plantés depuis la 2e Année.............. | | 1,500 | |
| Produits divers comme la Ire Année...................... | | 13,150 | |

**8me ANNÉE.**

| | | | |
|---|---|---|---|
| 84 charg. avoine et 168 charg. orge, à F. 15 la charg...... | | 3,780 | |
| 504 qx. métriq. paille, | à F. 9 les 100 kil............. | 4,536 | |
| 250 id. sainfoin, | à F. 9 id. ............. | 2,250 | |
| 112 id. tabac, | à F. 80 id. ............. | 8,960 | |
| 896 id. coton, | à F. 200 id. ............. | 179,200 | 218.231. |
| 95 id. foin naturel, à F. 9 id. ............. | | 855 | |
| Vente de 5,000 arbres................................ | | 2,500 | |
| Produit des arbres plantés depuis la 2e Année.............. | | 3,000 | |
| Produits divers comme la Ire Année...................... | | 13,150 | |

**9me ANNÉE.**

| | | | |
|---|---|---|---|
| Avoine, orge et paille comme la 8e Année.............. | | 8,316 | |
| 750 qx. métriq. sainfoin, | à F. 9 les 100 kil............. | 6,750 | |
| 112 id. tabac, | à F. 80 id. ............. | 8,960 | |
| 728 id. coton, | à F. 200 id. ............. | 145,600 | 191,131. |
| 95 id. foin naturel, à F. 9 id. ............. | | 855 | |
| Vente de 5,000 arbres ................................ | | 2,500 | |
| Produit des arbres plantés depuis la 2e Année ............. | | 5,000 | |
| Produits divers comme la Ire Année ...................... | | 13,150 | |

*A reporter*............. F. 1,329,325.

Transport des Produits à la 9ᵉ Année.................... F. 1,329,325.

|  | | | |
|---|---|---|---|
| 168 charg. avoine et 84 charg. orge, à F. 15 la charg....... | 3,780 | |
| 504 qx. métriq. paille, à F. 9 les 100 kil............ | 4,536 | |
| 750 id. sainfoin, à F. 9 id. .......... | 6,750 | |
| 112 id. tabac, à F. 80 id. .......... | 8,960 | |
| 504 id. coton, à F. 200 id. .......... | 100,800 | 149,331. |
| 95 id. foin naturel, à F. 9 id. .......... | 855 | |
| Vente de 5000 arbres.................. | 2,500 | |
| Produit des arbres plantés depuis la 2ᵉ Année........... | 8,000. | |
| Produits divers comme la 1ʳᵉ Année.................. | 13,150 | |

(Left bracket label: 10ᵐᵉ ANNÉE.)

TOTAL GÉNÉRAL des Produits des 10 Années........... F. 1,478,656.

*Nota.* Si l'on voulait pousser l'exploitation jusqu'à la 15ᵉ Année, en abandonnant les cultures des céréales, du sainfoin et du tabac, pour ne cultiver que du coton sur les 160 hectares qui peuvent en recevoir, on obtiendrait les produits ci-après, auxquels la propriété pourrait être maintenue chaque année à peu de chose près.

1232 qx. métriq. coton, à F. 200 les 100 kil.......................

1200 mûriers, amandiers et oliviers, produisant 1 fr. 50 c. par pied........ F. 246,400.

Produits divers comme la 1ʳᵉ Année....................... 18,000.

Vente de 5,000 arbres de la pépinière, à 50 c....................... 13,150.

95 qx. métriq. foin naturel, à F. 9 les 100 kil....................... 2,500.

855.

TOTAL GÉNÉRAL................. F. 280,905.

( Voir au Tableau ci-derrière le Produit des Cotons à la 15ᵉ Année. )

# PRODUITS DES COTONS

## A LA 15ᵐᵉ ANNÉE.

| NUMÉROS des TERRES. | HECTARES. | PRODUIT de chaque plantation de COTON. | | QUINTAUX métriques de COTON. | OBSERVATIONS. |
|---|---|---|---|---|---|
| 1 | 10 | 3 onces par pied. | | 84 | |
| 2 | 10 | 3 onces | " | 84 | |
| 3 | 10 | 0 | | " | |
| 4 | 5 | " | " | " | Pépinière. |
| 5 | 5 | " | " | " | Légumes et herbages. |
| 6 | 10 | 0 | | " | |
| 7 | 10 | 3 onces | " | 84 | |
| 8 | 10 | 2 " | " | 56 | |
| 9 | 10 | 4 " | " | 112 | |
| 10 | 10 | 3 " | " | 84 | |
| 11 | 10 | 0 | | " | |
| 12 | 10 | 4 onces | | 112 | |
| 13 | 5 | " | | " | 2000 mûriers produisant 1 fr. 50 c. par pied. |
| 14 | 10 | 4 onces | " | 112 | |
| 15 | 10 | 4 " | " | 112 | |
| 16 | 10 | 4 " | " | 112 | |
| 17 | 5 | " | | " | 2000 mûriers          id. |
| 18 | 10 | 4 onces | " | 112 | |
| 19 | 10 | 4 " | " | 112 | |
| 20 | 10 | 2 " | " | 56 | |
| 21 | 5 | " | | " | 2000 amandiers produisant 1 fr. 50 c. par pied. |
| 22 | 5 | " | | " | 2000      id.          id. |
| 23 | 10 | " | | " | 4000 oliviers          id. |
| 24 | 5 | " | | " | 2000 futaies          rien. |
| 25 | 95 | " | | " | Friches produisant 95 qx. métriq. foin naturel. |
| | 300 | | | 1232 qx. métriq. Coton. | |

# APERÇU DE LA CAISSE SOCIALE,

ou

RELEVÉ DES SOMMES QUI POURRONT ÊTRE RÉPARTIES ANNUELLEMENT
AUX ACTIONNAIRES.

| ANNÉES. | DÉTAIL DES DÉPENSES ET DES RECETTES. | SOMMES | | |
|---|---|---|---|---|
| | | de Dépenses. | de Recettes. | à Répartir. |
| | | F. | F. | |
| **1re.** | Il entrera en caisse par l'émission de 20 Actions à F. 5000...... | | 100,000 | |
| | Montant des Recettes de la 1re année d'après l'aperçu........... | | 33,006 | |
| | TOTAL........ | | 133,006 | |
| | Dépenses de la 1re année d'après l'aperçu.... | 66,474 | | |
| | Capital qui sera affecté au commerce des bœufs.. | 5,000 | 73,974 | |
| | Dépenses du Conseil d'Administration à Marseille.. | 2,500 | | |
| | Il restera en caisse la 1re année pour les dépenses de la 2e... | | 59,032 | |
| **2e.** | Montant des Recettes de la 2e année.... | | 50,461 | |
| | TOTAL........ | | 109,493 | |
| | Dépenses de la 2e année.. | 55,495 | | |
| | Id.      du Conseil d'Administration à Marseille.. | 3,000 | 65,245 | |
| | Dividende de 3 %, soit F. 150 par action à répartir.. | 6,750 | | 6,750 |
| | Il restera en caisse la 2e année pour les dépenses de la 3e.... | | 44,248 | |
| **3e.** | Montant des Recettes de la 3e année.. | | 80,646 | |
| | TOTAL........ | | 124,894 | |
| | Dépenses de la 3e année.. | 58,295 | | |
| | Id.      du Conseil d'Administration à Marseille.. | 3,500 | 73,045 | |
| | Dividende de 5 %, soit F. 250 par action à répartir.. | 11,250 | | 11,250 |
| | Il restera en caisse la 3e année.. | | 51,849 | |
| **4e.** | Montant des Recettes de la 4e année.. | | 130,731 | |
| | TOTAL........ | | 182,580 | |
| | Dépenses de la 4e année.. | 64,962 | | |
| | Id.      du Conseil d'Administration.. | 4,000 | 91,462 | |
| | Dividende 10 %, soit F. 500 par action.. | 22,500 | | 22,500 |
| | Il restera en caisse la 4e année.. | | 91,118 | |
| | Sommes à répartir à reporter.. | | | 40,500 |

| ANNÉES. | DÉTAIL DES DÉPENSES ET DES RECETTES. | SOMMES | | |
|---|---|---|---|---|
| | | de Dépenses. | de Recettes. | à Répartir. |
| | | F. | F. | F. |
| | *Transport des sommes réparties à la 4e année* ..... | ....... | ....... | 40,500 |
| | Restant en caisse la 4e année..... | ....... | 91,118 | |
| | Montant des Recettes de la 5e année..... | ....... | 177,950 | |
| 5e. | TOTAL..... | ....... | 269,068 | |
| | Dépenses de la 5e année..... | 96,670 | | |
| | Id.   du Conseil d'Administration..... | 4,500 } 168,670 | | |
| | Dividende de 30 %, soit F. 1500 par action..... | 67,500 | | 67,500 |
| | Il restera en caisse la 5e année..... | ....... | 100,398 | |
| | Montant des Recettes de la 6e année..... | ....... | 213,582 | |
| 6e. | TOTAL..... | ....... | 313,980 | |
| | Dépenses de la 6e année..... | 86,701 | | |
| | Id.   du Conseil d'Administration..... | 5,000 } 181,701 | | |
| | Dividende de 40 %, soit F. 2000 par action..... | 90,000 | | 90,000 |
| | Il restera en caisse la 6e année..... | ....... | 132,279 | |
| | Montant des Recettes de la 7e année..... | ....... | 233,587 | |
| 7e. | TOTAL..... | ....... | 365,866 | |
| | Dépenses de la 7e année..... | 88,021 | | |
| | Id.   du Conseil d'Administration..... | 5,500 } 206,021 | | |
| | Dividende de 50 %, soit F. 2500 par action..... | 112,500 | | 112,500 |
| | Il restera en caisse la 7e année..... | ....... | 159,845 | |
| | Montant des Recettes de la 8e année..... | ....... | 218,231 | |
| 8e. | TOTAL..... | ....... | 378,076 | |
| | Dépenses de la 8e année..... | 86,909 | | |
| | Id.   du Conseil d'Administration..... | 6,000 } 227,909 | | |
| | Dividende de 60 %, soit F. 3000 par action..... | 135,000 | | 135,000 |
| | Il restera en caisse la 8e année..... | ....... | 150,167 | |
| | Montant des Recettes de la 9e année..... | ....... | 191,131 | |
| 9e. | TOTAL..... | ....... | 341,298 | |
| | Dépenses de la 9e année..... | 84,549 | | |
| | Id.   du Conseil d'Administration..... | 6,500 } 248,549 | | |
| | Dividende de 70 %, soit F. 3500 par action..... | 157,500 | | 157,500 |
| | Il restera en caisse la 9e année..... | ....... | 92,749 | |
| | Montant des Recettes de la 10e année..... | ....... | 149,331 | |
| | Rentrée du capital affecté au commerce des bœufs..... | ....... | 5,000 | |
| 10e. | TOTAL..... | ....... | 247,080 | |
| | Dépense de la 10e année..... | 82,069 | | |
| | Id.   du Conseil d'Aministration y compris la liquidation..... | 7,511 } 247,080 | | |
| | Dividende de 70 %, soit F. 3500 par action..... | 157,500 | | 157,500 |
| | Il restera en caisse la 10e année..... | ....... | 000,000 | |
| | TOTAL des sommes réparties pendant les 10 ans..... | ....... | ....... | 760,500 |

# OBSERVATIONS GÉNÉRALES.

Le montant total des produits pendant les 10 années est de.................F. 1,478,656
Il faut y ajouter le montant des 20 actions créées........................... 100,000

TOTAL GÉNÉRAL DES RECETTES........................ 1,578,656

Le total des dépenses de la Ferme est de.....................F. 770,145 ⎫
» du Conseil d'Administration à Marseille................. 48,011 ⎬ 1,578,656
» des Sommes réparties aux Actionnaires................. 760,500 ⎭

Pendant les 10 années d'exploitation les Actionnaires recevront ,

SAVOIR :

| | | | | | | |
|---|---|---|---|---|---|---|
| La 1re Année. | 0 | | | | | |
| 2e » | 3 p. o/o soit F. | 150 par action de F. 5000 | | | | |
| 3e » | 5 » | 250 | » | » | | |
| 4e » | 10 » | 500 | » | » | | |
| 5e » | 30 » | 1,500 | » | » | | |
| 6e » | 40 » | 2,000 | » | » | | |
| 7e » | 50 » | 2,500 | » | » | | |
| 8e » | 60 » | 3,000 | » | » | | |
| 9e » | 70 » | 3,500 | » | » | | |
| 10e » | 70 » | 3,500 | » | » | | |

338 p. o/o     F. 16,900

Ou par An     33,80/00 p. o/o     ou     1,690 par action de F. 5000.

Il restera en outre à répartir aux Actionnaires la valeur de la Propriété et de tout son matériel, ainsi que celle de 26,000 arbres qui resteront en pépinière. Le tout devant être vendu à la fin de la 10e année, si les Actionnaires veulent faire une liquidation générale.

# NOTES EXPLICATIVES à l'appui des Tableaux présentés sur les Récoltes, sur les produits et sur les dépenses annuelles.

## RÉCOLTES.

### N° 1. — *Grains.*

Il faut en France une charge et un quart, soit 10 doubles décalitres, ou 2 hectolitres de grains pour ensemencer un hectare de terre ( 5 carterées de Marseille ). A Alger, les Arabes en mettent un peu moins, car ordinairement ils sèment 82 sacs (mesure de 60 litres ) par zonige ( paire de bœufs), équivalant d'après diverses vérifications à une contenance de 10 hectares. Cela ferait donc revenir la semence à 1 charge 1/5 par hectare, soit à 19 décalitres. D'après une assez longue expérience, nous croyons qu'il en faut moins encore, car la végétation étant très-forte, aucune gelée ne faisant périr les grains, tout ce qui est semé germe avec force. Cependant on a pris pour base des calculs, qu'il faudra ensemencer une charge 1/5, soit 19 décalitres par hectare de terre.

Le produit des grains en Afrique, suivant que les pluies d'hiver sont plus ou moins abondantes, varie ordinairement de 10 à 20 pour 1 de semence. J'ai vu des épis portant jusqu'à 18 et 20 grains. Sur une commune de 10 années, il y en aura 5 au moins où le rendement sera de 15 pour 1. Mais pour établir tout au plus bas et pour ne pas décompter, mes calculs ne sont établis que sur le rendement de 7 pour 1, ce qui est très-bas et doit faire espérer mieux.

L'orge rend communément plus que le froment et l'avoine ; j'ai néanmoins calculé ce grain au même rendement de 7 pour 1.

### N° 2. — *Paille.*

En Provence, la récolte donne communément 5 qx. poids de table, ( soit 200 kil. ) de paille par charge de grains récoltés. En Afrique la paille n'est pas aussi creuse qu'en France ; elle contient une moëlle qui la rend plus pesante et plus nutritive. Je n'ai cependant calculé que sur 2 qx. métriques de paille par charge de grains récoltés.

### N° 3. — *Pépinière.*

Il existe déjà sur la propriété une pépinière de pourrettes semées en 1834 ; ces pourrettes seront greffées avec de bonnes qualités de mûriers la première année, et mises en place à demeure la deuxième année ; ce qui permettra d'en obtenir un premier produit que j'évalue à 5 sous par arbre après quatre ans de plantation, c'est-à-dire, la sixième année.

Indépendamment de cette pépinière, il en sera établi une nouvelle la première année d'une étendue d'environ 5 hectares. En y espaçant les arbres à 1 mètre ou 3/4 de mètre de distance les uns des autres, on pourra avec la place des sentiers de communications compter sur environ mille sujets à lever à chaque renouvellement de la pépinière, ce qui aura lieu au moins deux fois dans les dix années de l'exploitation.

Cette pépinière sera composée de mûriers, oliviers et amandiers, trois espèces d'arbres qui y réussissent à merveille et qui doivent offrir de très-beaux résultats.

A la troisième année de cette pépinière on pourra dédoubler les mûriers, amandiers, etc. Ce qui permettra aux autres de se fortifier l'année suivante, parce qu'ayant plus de large, leurs racines et leurs chapeaux pourront se développer.

La quatrième année, on continuera l'opération sur la portion de la pépinière qui n'aura pas été dédoublée l'année précédente; on tâchera de vendre cette année la totalité des arbres qui excéderont les besoins pour les plantations de mûriers et amandiers de la ferme.

La sixième année, on continuera l'enlèvement de tous les oliviers, si on trouve à les vendre. On commencera cette année à dédoubler les futaies.

La septième année, on continuera à enlever et à vendre, si on le peut, les arbres restant à la première; et on commencera à dédoubler les mûriers et amandiers, etc. de la deuxième pépinière, et ainsi de suite les huitième, neuvième et dixième années.

J'ai calculé que le prix moyen auquel on pourra vendre les arbres sera de 10 sous par pied; à ce prix personne ne sera tenté d'en faire venir de France, parce qu'ils reviendraient plus cher, et que la mortalité en serait grande avant leur arrivée à Alger. La vente des jeunes arbres récoltés sur le sol même sera pendant long-temps un des meilleurs produits des entreprises agricoles.

## Nº 5. — Légumes et Herbages.

Il serait assez difficile de préciser sur des données quelconques le produit des légumes et herbages divers qu'on obtiendra sur une étendue de 5 hectares dont 1/2 seulement pourra être arrosé; mais sans crainte de se tromper beaucoup, on peut évaluer que les herbages et légumes qui en proviendront étant consommés par les besoins de la ferme, procureront une économie de 2,000 fr. environ par an sur la somme à laquelle on a évalué la nourriture des gens de la ferme.

## Nº 4. — Tabac.

Le tabac rend communément 6 onces par plante dans les pays où on le cultive; il rend plus de 8 onces aux Arabes parce qu'ils n'enlèvent pas les basses feuilles, qu'ils n'ébourgeonnent jamais la plante, ce qui est cause que la qualité est des plus mauvaises. Cependant un essai de 400 pieds de la qualité de Virginie que j'ai fait sur la propriété en 1834, mais trop tardivement, n'ayant pu me procurer des graines qu'en avril, époque à laquelle les plançons de tabac auraient dû déjà être répiqués et que de plus il ne plut pas une seule fois depuis l'instant que les graines furent semées jusqu'à celui où les feuilles furent cueillies, n'a donné que 3 onces 1/2 par plante de bonne qualité en couleur, en goût et en odeur, mais un peu forte. J'estime que le tabac jaune de Trieste ou de Salonique doit mieux réussir, quant à la qualité, sur les terres grasses et fortes de la propriété.

J'ai calculé que le produit du tabac sera de 4 onces seulement par plante, au lieu de 6 qu'on doit en espérer.

En calculant que l'hectare ne recevra que 9,000 pieds de tabac espacés à un mètre les uns des autres, il semble que je les ai trop éloignés et que cette récolte pourrait donner plus du double de ce que je lui fais produire dans l'aperçu, puisqu'on ne les espace guère en France à plus de 50 centimètres les uns des autres. Mais si on considère que la végétation étant beaucoup plus vigoureuse à Alger, la plante y prend un plus grand accroissement et qu'elle nécessite par conséquent plus d'étendue pour prospérer; qu'un certain nombre de plantes meurt; que les sauterelles qui seront en très-grand nombre aussi long-temps que leurs œufs ne seront pas détruits par la culture des terres, ne trouvant pas d'herbes dans la campagne pour se nourrir pendant les chaleurs de l'été, se donnent avec avidité sur les feuilles de tabac qu'elles mangent en partie, on verra que pour être aussi exact que possible dans l'exécution, je n'ai pas dû compter sur plus de 9,000 plantes par hectare.

Le tabac se vend communément à Alger de 12 à 14 piastres fortes les 50 k., soit 66 à 70 fr. Il n'est calculé dans les produits, qu'à 40 fr. les 50 k. Certes on doit espérer de dépasser cette évaluation, qui est très-modérée et au dessous de la prévision.

## N° 6. — *Coton.*

La culture du coton arbuste à longue soie, est celle à laquelle il conviendra de donner le plus de soin, puisqu'elle est le but principal de l'exploitation projetée. On ne doit pas perdre de vue qu'une seule plante de la qualité de Fernambouc, introduite en Égypte et cultivée au Caire dans le jardin d'un Mr Maho, a donné naissance à ce riche commerce du coton Jumel qui a fait la fortune politique et pécuniaire de Méhémet-Ali, pacha de ces contrées.

Le coton herbacé à courte soie convient peu à Alger à cause des plantations qu'il faut renouveler chaque année. Un essai que j'ai fait sur la propriété en 1834 m'en a à peu près convaincu. Il est vrai de dire que j'ai fait cet essai sur le terrain le plus sec, le plus aride et le plus exposé au vent de la propriété. Sur un simple labour d'araire qui n'avait pas donné 4 travers de doigt de guéret, la qualité de ce coton a dépassé toutes mes espérances; on eût pris ce coton pour du Jumel; mais son produit n'a pas été d'une once et demie par pied.

En Égypte, où je me trouvais en 1826, les cotons semés sur de mauvais labours, ayant les racines pourries par les arrosages hors de mesure que leur donnent les Arabes, et mal taillés, duraient 5 ans, époque à laquelle les inspecteurs du pacha forçaient à arracher les plantations pour les renouveler. On m'assure qu'aujourd'hui on ne les laisse plus rapporter que 3 ans, ce qui porterait à supposer que cette production épuise la terre. Mais les expériences que j'ai faites dans les cotonniers de M. Tozzizza, l'un des ministres du Pacha, de M. Bouchanle, consul de Hollande à Alexandrie, et de M. Serra, négociant génois à Alexandrie, m'ont persuadé qu'avec un labour plus profond, lors des semences, des binages répétés dans le courant de l'année, une taille mieux entendue et à peu près comme on la pratique sur la vigne en Provence et moins de profusion dans l'arrosage ( cette dernière observation est inutile pour Alger, où il pleut assez abondamment l'hiver pour n'avoir pas besoin d'arrosage comme en Égypte où rien ne vient sans ce secours ), on pourrait prolonger la durée et le produit de cet arbuste jusqu'à la dixième année.

Malgré ces considérations et pour ne pas faire supposer à ceux qui ne connaissent pas l'immense richesse de cette culture, que j'ai exagéré les produits dans cet aperçu, j'ai pris pour base de mes calculs que les cotons produiront :

La 1ʳᵉ année................rien
La 2ᵉ   »................. 2 onces par pied.
La 3ᵉ   »................. 3   »   »
La 4ᵉ   »................. 4   »   »
La 5ᵉ   »................. 3   »   »     époque à laquelle la plantation sera arrachée pour faire d'autres cultures avant de remettre des cotons sur cette nouvelle terre.

J'ai négligé le produit de la taille annuelle des cotonniers, plus abondante que celle de la vigne, attendu que les fagots qui en proviendront seront consommés dans la ferme.

J'ai pris pour base de mes calculs dans la plantation des cotons qu'un hectare contiendra 9,000 pieds espacés à un mètre les uns des autres. En Égypte, ils ne sont qu'à 3/4 de mètre, ce qui donnerait 1/4 de produit de plus ; mais j'ai voulu tenir compte des graines qui ne lèveront pas, ainsi que des arbustes, qui pourront mourir dans le cours des cinq années de la plantation ou qui végéteront ; enfin j'ai voulu me prémunir contre ces événemens imprévus qui souvent à l'exécution viennent amoindrir les résultats qu'on se promet par un aperçu quelconque.

Le coton Jumel que nous comptons cultiver de préférence, se vend ordinairement de 150 à 175 fr. les 50 k., soit au moins 300 fr. les 100 k. Ce produit n'est cependant calculé dans les rapports de la ferme que sur le pied de 200 fr. les 100 k., prix au-dessous de la valeur réelle et continuelle de ce lainage. Il conviendra au surplus de faire réaliser cette marchandise à Marseille où elle se vendra toujours plus avantageusement qu'à Alger.

## N° 7. — Friches.

Les terres en friche serviront aux travaux des années suivantes. Dans cet état d'inculture, elles rapporteront toujours au moins 100 kil. de foin naturel par hectare en mai ou juin, suivant la nature du sol sur lequel il croît naturellement. Ce fourrage se compose de sainfoin à larges feuilles rondes dit sainfoin royal qui vient sur les hauteurs, les coteaux secs et pierreux ; de trèfles à fleurs jaunes, et de luzerne sauvage qui croissent dans les fonds et dans les lieux frais ; de graines longues sauvages donnant une tige fine semblable à du foin d'Europe, pleine de moëlle et qui à cause de la rosée, qui est très-abondante à l'époque de la fauchaison, prend la couleur blanchâtre de la paille lorsque le soleil l'a séchée. Elle croît dans les plaines, sur les coteaux parmi le sainfoin et dans tous les lieux où la sécheresse se fait sentir.

En 1834, on a obtenu 1,200 quintaux métriques de ce fourrage sur la propriété dont 1/3 à peu près n'a pu être fauché à cause des broussailles qui ne permettaient pas à la faux d'agir, et des lieux mangés par les vaches, brebis et cochons de la propriété, ainsi que de quelques cultures d'orge et légumes qu'on avait fait faire pour l'usage de la ferme. J'estime qu'il n'y a eu que 200 hectares de fauchés ; ce qui a donné un produit de 6 quintaux métriques par hectare. Or, ne comptant ce produit dans l'aperçu qu'à 1 quintal métrique par hectare, il est porté aussi bas que possible, comme pour les autres produits.

Ce foin sauvage se vend ordinairement de 10 à 12 fr. les 100 k. sur les lieux ; c'est ainsi que nous avons constamment vendu ceux récoltés jusqu'à ce jour ; en ne l'évaluant dans les calculs de produits qu'à 9 fr. les 100 k., on se tient donc réellement au-dessous de la valeur réelle : la paille se vend à peu près le même prix.

## N° 8. — Prairies artificielles. — Sainfoin.

Les prairies artificielles réussissent d'autant mieux à Alger, qu'on a vu ci-dessus que le sainfoin y vient naturellement et en qualité supérieure à celles cultivées en France ; car c'est le sainfoin à larges feuilles qui donne un fourrage meilleur et bien plus abondant, en semant les terres à blé ou orge, on semera donc du sainfoin pour l'année suivante.

Il faut en Provence 1 mesure 1/4 de graine de sainfoin pour une mesure de grain, blé ou orge ; en Bourgogne on sème 2 mesures. Le fourrage en est plus fin étant semé plus épais. On prend donc pour base cette dernière quantité, attendu que le montant de cette plante étant naturellement gros à Alger, il conviendra de rendre ce fourrage aussi fin que possible.

Une terre de sainfoin en France produit jusqu'à 50 quintaux métriques par hectare à la première coupe, et environ la moitié à la deuxième coupe. Quelquefois on fait jusqu'à trois coupes par an ; et elles rapportent trois années de suite et plus suivant la bonté du sol.

5

Mais à Alger on ne pourra faire qu'une seule coupe, vu que les grandes chaleurs qui commencent en juin, frappant sur la plaie que la faux vient de faire à la plante, pénètre jusqu'au cœur et l'empêche de repousser, malgré la fraicheur et la forte rosée des nuits.

Pour évaluer bien bas ce produit, on calcule que le sainfoin ne donnera que 25 quintaux métriques de fourrage par hectare; mais il est à présumer qu'on en obtiendra davantage.

On sait au surplus que cette culture bonifie les terres, leur fournit un engrais salutaire, et les rend plus propices à toutes les autres cultures qu'on veut par la suite y faire; c'est donc surtout cet avantage qu'il faut considérer. Il est plus important que celui du produit de ce fourrage.

## N° 9. — *Arbres à fruits.*

Les arbres à fruits doivent former une des principales branches de revenus; il y a surtout trois genres d'arbres à fruits qui offriront à Alger des résultats fort avantageux: ce sont les oliviers, les amandiers et les mûriers; aucune localité, aucune température ne convient mieux à cette culture et à cette récolte que celle de la régence. En effet, nous voyons ces récoltes devenir très-chanceuses dans le midi, à cause des variations extraordinaires de notre température. A peine sur trois ou quatre années peut-on compter sur une récolte d'olives ou d'amandes. A Alger, au contraire, elles seront toujours certaines; car la température y est d'une régularité parfaite, et jamais on ne voit de ces gelées tardives qui emportent souvent et la récolte et les arbres.

L'olivier est l'arbre naturel du pays; tous les buissons, toutes les haies, tous les fourrés sont en oliviers sauvages. L'amandier et le mûrier y réussissent à merveille. On s'attachera donc particulièrement à ces trois qualités d'arbres. Ils seront en général plantés en bordure autour de la propriété et des carrés de terres cultivées. Ils les abriteront contre les grands vents; les terres en coton en auront surtout besoin. On les placera à environ cinq mètres de distance les uns des autres.

On peut calculer facilement que les 4,000 amandiers rapporteront une première récolte de 5 sous par arbre, la quatrième année de leur plantation qui sera la huitième année d'existence de ces arbres ou de l'exploitation. Il en est de même des oliviers qui pourront bien donner ce même produit de 5 sous par arbre la neuvième année de l'exploitation. Les mûriers sont dans le même cas.

On placerait en outre environ 3,000 arbres sur les haies, chemins, fossés, ruisseaux; ce sera des ormes, trembles, peupliers, saules, etc., qui tout en donnant valeur et agrément à la propriété, fourniront du bois et du fagotage à l'usage de la ferme.

Ce sera surtout après les dix premières années d'exploitation que les arbres acquerront toute leur valeur et donneront de beaux produits; car, en évaluant que ces trois qualités d'arbres, oliviers, mûriers et amandiers donneront un produit comme ci-après, nous croyons nous tenir à une évaluation bien modérée,

Savoir :

| | | | | | | | | | |
|---|---|---|---|---|---|---|---|---|---|
| 1er produit, | à | 4 ans | de plantation, | 8e | année d'âge par pied à | 5 | s. |
| 2e | " | 5 | " | " | 9e | " | " | " | 10 " |
| 3e | " | 6 | " | " | 10e | " | " | " | 15 " |
| 4e | " | 7 | " | " | 11e | " | " | " | 1 f. |
| 5e | " | 8 | " | " | 12e | " | " | " | 1 50 c. |

Si le produit de l'olivier est évalué d'une manière un peu précoce, cela est compensé par ceux des mûriers et amandiers qui donneront plus tôt.

## N° 10. — *Troupeaux.* — *Commerce de bœufs.*

A Alger les brebis mettent bas assez souvent deux fois par an, et quelquefois elles font deux agneaux par portée. Néanmoins on a pris pour base que le troupeau ne donnera comme en France qu'un accroissement des deux tiers chaque année. Il pourra être de deux à trois cents brebis.

On a aussi évalué les agneaux à 3 fr. l'un, comme si on devait les vendre au sortir du lait ; tandis que l'intérêt bien entendu de la ferme sera de les élever pour garder les femelles en remplacement des vieilles brebis qu'on vendra à la boucherie de 5 à 6 fr. l'une ; et les mâles qui à l'âge de 4 à 5 ans seront vendus comme moutons dans les prix de 8 à 9 fr. la pièce.

On n'a porté qu'à 5 liv. la toison des brebis, bien que le moins qu'elle donne soit 6 liv. d'Alger. On a négligé la toison des agneaux qui sera pourtant une augmentation de produit si on les élève.

Le prix de 1 fr, le kil. est celui auquel la laine en suint se vend à Alger.

Les truies mettent bas trois fois l'an et donnent jusqu'à dix pourceaux par portée. On n'a compté que sur trois pourceaux par portée et par truie, ce qui sur dix truies donnera 70 pourceaux chaque année. Lesquels seront vendus 20 fr. pièce ; mais ces animaux se nourrissant sans frais dans les champs, il sera de l'intérêt de la ferme de les garder pour les vendre à l'âge d'un an à ceux qui spéculent sur les engraissemens ; et ce produit pourra être double de ce qu'il est compté dans l'aperçu.

Le commerce des bœufs qu'on se propose de faire sur cette propriété pourra faire renouveler quatre fois par an le capital que l'on y aura affecté avec un bénéfice de 25 p. o/o à chaque renouvellement. La propriété située à trois quarts d'heure du marché d'Alger, bornée au levant, par la route royale qui conduit à cette ville, à couchant par celle d'Alger à Staouli et Sidi-Ferruch, et traversée par la route d'Alger à Colbea, est très-propice à ce commerce. Les Arabes qui viennent approvisionner le marché passent presque tous sur ces quatre routes ; il sera facile lorsqu'ils retourneront le soir, de leur acheter les bœufs qu'ils n'auront pu vendre au marché dans la journée ; et après les avoir mis en chair sur la propriété pendant un mois ou deux, on les fera conduire à Alger en choisissant le jour où, par un empêchement quelconque, il ne sera passé devant la propriété qu'un petit nombre de bœufs pour le marché.

D'ailleurs la distance de la ville à la ferme est si petite, qu'on les ferait rentrer le même jour et sans frais, si on ne les vendaient pas à un prix avantageux.

Ces bœufs pourront être nourris sur la propriété pendant les mois de septembre, octobre, novembre, décembre et janvier. A partir du premier février, il faudra parer les foins et les sainfoins qui commenceront à pousser. Et pendant les mois de février, mars, avril, mai, juin, juillet et août, ils seront nourris à l'écurie avec le sec ou en affermant un parcours sur les terres en friches des voisins, ce qu'on obtiendra à très-bas prix, vu la quantité de terres incultes qu'il y aura encore pendant plus de vingt ans, soit par le manque de bras dans la colonie, soit par l'insuffisance des moyens pécuniaires des propriétaires.

## N° 11. — Tuilerie et Briqueterie.

La tuilerie établie sur la propriété n'a encore qu'un four ; l'intention était d'en construire d'autres par la suite, parce que la position lui présage de l'accroissement lorsqu'on cultivera les terres qui l'avoisinent, et sur lesquelles il faudra de toute nécessité que les propriétaires se décident à bâtir s'ils veulent y placer des colons. Pendant cinquante ans au moins cette tuilerie sera appelée à fournir aux constructions qui s'élèveront entre Donera, Staouli, Sidi-Ferruch et Dell'Ibrahim. On n'a cependant porté son produit annuel qu'à 3,000 fr., prix du loyer qu'en offrent les ouvriers qui conduisent en ce moment cette fabrication à façon pour le compte de MM. Barry, Dervieu fils.

On peut facilement se figurer combien cette exploitation fort simple doit offrir de l'avantage, lorsqu'on pense que les tuiles et les briques sont constamment achetées et enlevées à l'avance au prix de 64 à 65 f. le mille pour les tuiles ; ce qui est le double de ce qu'elles valent en France, et la fabrication n'y est pas plus chère qu'ici ; car la terre et le sable se trouvent sur les lieux ; le bois pour chauffer les fours y est abondant et à bon marché. Cette affaire bien conduite avec un deuxième four qui sera une dépense de 2 à 3,000 fr. doit donner un revenu au moins de 6,000 fr. par an. C'est une petite exploitation fort essentielle à soigner.

## N° 12. — *Emploi des terres.*

L'emploi des terres sera divisé comme suit. La propriété est d'une surperficie totale de 300 hectares.
5 hectares seront affectés aux pépinières.

| | | | |
|---|---|---|---|
| 5 | » | » | » au jardinage. |
| 160 | » | » | » aux diverses cultures. |
| 30 | » | » | » aux { 4,000 mûriers. / 4,000 oliviers. / 4,000 amandiers. } En bordure des terres. |
| 5 | » | » | » pour chemins, fossés, etc., etc. |
| 95 | » | resteront en friches, buissons, paccages. |

300 hectares.

## N° 13. — *Labourages.* — *Charrues.* — *Chevaux.* — *Instrumens aratoires.* — *Fenaison.*

Une charrue attelée de deux, quatre, six ou huit colliers, suivant la nature du sol qu'on défriche, fait environ 1/5 d'hectare par jour. On ne peut labourer à Alger que de fin septembre, où les pluies commencent, à fin mars où elles cessent ; ce qui fait chaque année un nombre total de 182 journées de labourage. Mais il faut en déduire environ 62 journées pour les dimanches et fêtes, les jours de fortes pluies et ceux qui les suivent. Pendant lesquelles on peut calculer qu'on labourera 120 journées.

Ainsi pour défricher 50 hectares par année, comme on en a le projet, il faudra avoir au moins 4 charrues à défoncemens, 3 araires et 2 herses, ainsi que tous les instrumens aratoires nécessaires pour utiliser tous les bras de la ferme quand on ne laboure ra pas.

Sur les 4 charrues à défoncemens, il en faudra 2 à l'américaine et à réversoir pour défricher les terres légères et sans broussailles. Elles nécessiteront pour les manœuvrer 2 chevaux et 1 valet de labourage par charrue ; une de Benoit de Lyon avec coutre et réversoir pour défricher les terres fortes et sans broussailles ; elle nécessitera pour la manœuvrer quatre chevaux, un premier laboureur et un valet de labour.

Une grande charrue de Mathieu de Dombasle pour défricher les terres portant broussailles. Elle nécessitera pour la manœuvrer, suivant le terrain qu'on défrichera, 6 ou 8 chevaux, un laboureur, deux valets de labour. Mais pour éviter cette dépense jusqu'à la cinquième année que les produits de la ferme permettront de le faire, cette charrue ainsi que celle de Benoit seront servies par les

4 chevaux, le premier laboureur et un valet de la charrue de Benoit.
2 id.      »      » un id. de l'américaine.
5 id.        des araires un id. des herses.

Ce mode commandé pour économiser autant que possible sur les dépenses des premières années, pourra retarder les travaux en suspendant les autres labours pendant les journées que cette charrue fonctionnera. S'il y a urgence, on louera des chevaux de labour à la journée.

Chaque araire et chaque herse nécessiteront un cheval et un valet de labourage.

Les dents de fer de ces herses doivent être du poids total de 60 kil. par herse et les montant en bois de chêne vert ou de sorbier pour les rendre plus lourdes et plus durables.

Chaque dent devra être fixée à la herse par un écrou et non rivée en dehors, afin de pouvoir remplacer celles qui viendraient à casser sans être obligé d'envoyer la herse au forgeron en ville, ce qui occasione des frais et une perte de temps considérable dans un pays où on ne peut pas toujours herser.

Il faut aussi deux charrettes pour le transport des fumiers, des matériaux et des récoltes de la ferme ; pendant les quatre premières années, les chevaux du labourage ainsi que les laboureurs pourront servir les charrettes, les jours où ils ne laboureront pas ; mais à partir de la cinquième année, toutes les terres ayant été défrichées, la charrue pourra y entrer à peu près dans toutes saisons, et dès lors ayant à donner plusieurs œuvres aux terres chaque année, les hommes et les chevaux ne pourront que très-rarement être distraits de leurs travaux. Il faudra donc à cette époque une augmentation de chevaux et d'hommes.

Il conviendra d'avoir dans la ferme un âne tunisien qui servira d'étalon pour monter les deux jumens poulinières ; on s'en servira d'ailleurs pour aller aux provisions à la ville.

Ces deux jumens poulinières serviront en outre au gérant, au garde terre et autres employés pour les courses à faire, et elles pourront donner chaque année des poulins, chevaux ou mulets qui serviront insensiblement à renouveler les bêtes d'attelage.

La ferme devra être munie de tous les instrumens aratoires nécessaires non-seulement pour les gens habituels de la propriété, mais encore pour les colons qu'on prendra en subsistance ; il faudra donc au moins douze bêches et autant de bichards, pics plats et pics pointus, ainsi qu'une quantité proportionnée de pioches de diverses grosseurs.

Il sera nécessaire aussi d'avoir un nombre suffisant de faux et de filets pour les fenaisons et pour transporter les foins, ainsi que des râteaux et fourches. En 1834 pour faucher et récolter 1,200 quintaux métriques de fourrage on mit à notre disposition cinquante militaires faucheurs ou feneurs, et l'opération dura environ cinquante jours. Il faudrait donc pour activer cette opération avoir cinquante faucheurs et vingt-cinq feneurs.

Il faut aussi raisonnablement calculer que le matériel des charrues, harnais et outils devra se renouveler peu à peu, et qu'après cinq ans de service environ, il faudra presque tout remplacer, c'est ce qu'on a dû prévoir dans l'évaluation des dépenses.

Une fois que les terres auront été toutes défoncées comme cela devra avoir lieu la 5ᵉ année, on pourra y entrer en toute saison, et la culture du coton et du tabac nécessitera des binages qui s'opéreront avec les araires qu'il faudra par conséquent augmenter, conformément à la récapitulation des travaux annuels.

## Personnel de la Ferme.

### Nº 14. — Gérant.

Il serait trop long et superflu d'indiquer ici les devoirs et occupations du gérant, directeur de l'établissement. Ses fonctions sont désignées et fixées dans le prospectus qui précède, ainsi que dans l'acte de société. Il est intéressé directement dans le succès de cette entreprise, car ce ne sont pas les modiques honoraires de 2,400 fr. par an qui lui sont alloués, qui décideraient un homme capable, instruit, un père de famille, à s'expatrier.

### Nº 15. — Commis.

Pour que le gérant soit libre de diriger, surveiller tous les travaux et inspecter tous les mouvemens de la ferme, il lui faut nécessairement un commis intelligent, capable de tenir un journal, et tous les livres auxiliaires. Cet employé sera d'ailleurs une espèce de contrôleur pour les actionnaires; il y aura certes de quoi bien l'occuper et c'est porter ses appointemens à un prix bien modéré que de les calculer à 800 fr. par an.

## N° 16. — *Garde Terres.*

Un garde terre est indispensable si on veut se préserver de la dévastation des troupeaux du voisinage, indigènes et européens, qui viendraient paître dans les cultures et plantations de la propriété. En 1834, j'avais établi un garde terres sur la propriété, et j'ai pu y recueillir 1,200 quintaux métriques de foin. On le renvoya en 1835, aussi après mon départ, la récolte a-t-elle été considérablement diminuée. Il est facile d'en reconnaître la cause dans les 300 bœufs environ dont se compose le parc du gouvernement qui touche la propriété et qu'on aura laissé paître librement sur les friches depuis février jusqu'à la fauchaison.

## N° 17. — *Maître-Valet.*

Le maître-valet aura à faire exécuter les travaux qu'ordonnera le gérant. Il devra toujours être en tête des ouvriers du principal chantier pour les diriger. Il doit avoir la garde de tous les outils et instrumens aratoires dont il tiendra une comptabilité. Il aura à remettre tous les soirs au gérant une note détaillée des mouvemens divers de la ferme, en outils, bestiaux, denrées, ouvriers et travaux, etc. Il faut donc un maître ouvrier capable d'enseigner les autres au besoin, et qui sache assez écrire pour tenir ces notes. Ses appointemens sont donc fixés aussi bas que possible.

## N° 18. — *Pépiniériste.*

Le pépiniériste sera exclusivement chargé de la pépinière et des plantations d'arbres sur la propriété, ainsi que de leur taille annuelle et leur entretien. On lui adjoindra deux valets, des colons en subsistance lorsqu'il y en aura, ou le nombre de journaliers que nécessiteront les travaux qu'aura ordonnés le gérant. Ses appointemens me paraissent fixés un peu bas.

## N° 19. — *Maçon.*

L'entretien des vastes et nombreux locaux d'habitation et d'exploitation qui existent déjà au principal établissement; la petite ferme de Mille composée d'un simple logement de méger sans écuries, les diverses petites fermes en ruine depuis la conquête et qu'il faut rétablir, quelques petites constructions que l'exploitation fera naître journellement, nécessiteront des dépenses qu'il ne serait pas économique d'opérer à façon ou à la journée, car un maçon gagne 6 fr. par jour à Alger, c'est ce qui nous a engagé à avoir un maçon à l'année, comme il y en avait un en 1834. De toutes les dépenses qui se sont faites à cette époque celle-là est la plus utile et celle dont il reste le plus.

D'ailleurs, lorsque la cinquième année on aura une quinzaine de mille francs à dépenser en nouvelles constructions, cet homme pourra diriger les travaux en lui adjoignant quelques maçons pris dans les régimens; et en fabriquant la chaux sur la propriété où il y a trois fours et une carrière de pierres calcaires, cette dépense devra coûter un bon tiers de moins.

En gardant un maçon toute l'année, il lui faut nécessairement un manœuvre pour le servir.

## N° 20. — *Berger.*

Il faut un berger entendu dans son état qui connaisse les diverses maladies des brebis et les moyens curatifs à appliquer. Il faut surtout qu'il soit en état de châtrer lui-même les agneaux ; il serait difficile d'en trouver un à Alger. Il serait bien que ce berger eût une femme, afin de tirer parti du laitage qu'on utiliserait pour les besoins de la ferme ou qu'on vendrait.

Un troupeau de 300 brebis qui augmentera chaque année ne peut être conduit par un seul homme, sans qu'il perde des bêtes, s'il va paître au dehors, ou sans commettre des dégâts s'il reste sur la propriété. Il lui faut au moins un valet de bergerie qui reste le dernier lorsque le berger est en tête du troupeau pour le conduire, et deux chiens de la Crau bien dressés pour ramener au troupeau les brebis qui s'en écartent. Il faut aussi pour le troupeau de cochons un homme qui ait quelques connaissances des maladies de ces animaux et qui sache les châtrer ; surtout qu'il soit en état de soigner les truies lorsqu'elles mettent bas.

## N° 21. — *Laboureurs et Valets.*

Le premier laboureur est pour conduire la grande charrue de Mathieu de Dombasle dans les défrichemens des terres à broussailles, ou la charrue de Benoit de Lyon dans les défrichemens des terres fortes. Ce sont des travaux que tous les laboureurs ne sont pas en état de faire. Il faut un homme expert dans ce genre. Un laboureur de médiocre capacité tuerait les chevaux de fatigue, briserait les charrues et plus souvent encore les socs.

Il faut en outre sept valets de labourage qui seront destinés

2 pour conduire la charrue américaine.
3 » » les deux araires.
2 » » les deux herses.

On voit que ces ouvriers n'ayant à passer la charrue ou la herse que sur des terres déjà défoncées doivent être des laboureurs ordinaires. Il faut aussi cinq valets de ferme, homme de peine destinés à tous les travaux de la ferme, il les faut forts, robustes et sachant manier la bêche.

## N° 22. — *Femmes.*

Le nombre des femmes ou filles est insuffisant pour les travaux de la ferme, surtout si l'on considère qu'avec un si gros ménage à faire, il y en aura trois qui seront constamment occupées à la maison, soit pour faire la cuisine, laver la vaisselle, servir à manger deux fois par jour, nettoyer partout, etc. Il en faudrait au moins dix ; c'est pour ne pas dépenser plus que les récoltes, que je ne les ai pas portées les premières années. On augmentera leur nombre plus tard.

## N° 23. — *Colons en Subsistance.*

La colonie manque de bras et la main-d'œuvre y est très-chère, parce que l'autorité ne cesse de faire insérer dans ses journaux qu'on ne peut garantir du travail à ceux qui ont l'intention de venir à Alger, ce qui arrête les nombreux émigrans qui voudraient s'y rendre, par la crainte d'être obligés d'y vivre longtemps à leurs frais, ce qui nécessite des avances que les ouvriers ont rarement. Pour faire cesser cet état de choses, il y a un moyen bien simple dont les propriétaires n'ont pas eu l'idée encore et qui sera imité par tous, si un seul commence à le mettre en pratique.

C'est d'ouvrir la ferme à un certain nombre de colons arrivant pour chercher du travail, et de faire savoir par les journaux qu'ils y seront gardés en subsistance jusqu'à ce qu'ils aient trouvé un emploi convenable ; que pour payer leur nourriture et leur logement, ils travailleront de leur état pour la ferme cinq jours de la semaine, leur laissant le dimanche et le jeudi pour chercher un emploi que le gérant de la ferme leur facilitera en leur indiquant et les recommandant, lorsqu'ils le mériteront par leur conduite et leur travail, aux personnes qui seront dans le cas d'en avoir besoin.

Quelle que soit la profession de l'ouvrier, maçon, forgeron, serrurier, menuisier, charpentier ou cultivateur, on utilisera toujours son temps au profit de la ferme ; et même si on n'avait pas des travaux de son métier à lui faire faire, il pourra toujours prendre un pic, un couffin, une brouette et gagner sa nourriture.

La colonie y gagnera un grand nombre de bras, qui viendront chaque année augmenter sa population.

Les propriétaires y trouveront l'avantage de savoir où trouver des ouvriers lorsqu'ils en auront besoin, et le gérant prévenu par eux pourra les leur diriger à leur arrivée, lorsqu'il n'en aura pas besoin lui même.

La ferme y trouvera l'avantage incalculable de se choisir, à des prix raisonnables, un personnel parmi les hommes éprouvés par leur conduite et leur travail.

Il y aura des momens où la ferme sera sans colons en subsistance ; d'autres fois, et à l'arrivée des navires surtout, il y en aura jusqu'à vingt et vingt-cinq à la fois. Toutes proportions gardées, on peut donc calculer que ce nombre équivaudra à dix colons par jour pendant toute l'année.

### N° 24. — *Nourriture des Hommes.*

La dépense pour nourrir les hommes à 1 fr. par jour est portée aussi bas qu'il a été possible de l'évaluer ; en effet, il faut à un ouvrier :

| | |
|---|---|
| 3/4 de kil. de pain par jour à 14 s... ............... | 53 c. 1/2 |
| 1 litre de vin à 25 c........................... | 25 |
| Il reste pour la soupe et le bouilli ou un plat à midi.. | 11 1/2 |
| Et un mets le soir........................... | 10 |
| F. 1 » |

Si ce n'était qu'on pétrira dans la ferme, qu'on salera plusieurs porcs chaque année, qu'enfin les jours où l'on donnera de la viande, nourriture la plus économique du pays, on tuera des moutons de la propriété au lieu d'acheter la viande de boucherie à 9 s. la livre, il serait impossible de suffire à cette dépense avec une si faible somme.

### N° 25. — *Nourriture des Chevaux.*

La nourriture des chevaux est calculée au prix des denrées provenant des récoltes que ces chevaux consommeront. Le fourrage excédera les besoins de la ferme ; mais les récoltes d'orge et d'avoine ne suffiront que pendant six ou sept mois de l'année aux besoins de la ferme.

### N° 26. — *Récolte du Coton.*

Les femmes, filles ou enfans qu'on emploiera à cette récolte, seront pris dans les villages de Couba et Dell'Ibrahim, les seuls où on puisse en trouver assez à portée pour venir tous les matins sur la propriété. Au besoin on pourra faire venir des juives ou des enfans juifs de la ville ; mais il faudra payer au moins :

20 s. les femmes.
10 s. les enfans.

Je ne sais pas si on aurait beaucoup de femmes juives pour 20 s. par jour.

Ces femmes ou enfans travailleront bien, s'ils ramassent l'un portant l'autre 10 kil. de coton par jour.

Il en faudra donc dix par jour pour 100 kil.; sur ces dix personnes, je suppose :

4 femmes à 1 fr............................................................F. 4

6 enfans à 50 c.............................................................. 3

Ainsi la cueillette proprement dite coûtera, les 100 kil............................F. 7

Le port du magasin à la ferme................................................. 50

Le dégrainage............................................................... 2

La toile pour emballer........................................................ 4

L'emballage................................................................. 50

Port de la ferme en ville, magasinage jusqu'au jour de l'embarquement pour Marseille, port à la douane, droit de douane, port à bord et autres frais qu'ils pourront occasioner................ 6

Total............F. 20

les 100 kil. soit le 1/10ᵉ de la valeur calculée à 100 fr. les 50 kil.

## N° 27. — Récolte du Tabac.

La cueillette du tabac ne peut être confiée à des enfans; elle ne peut être faite que par des hommes ou des femmes de choix, parce qu'elles doivent être précautionneuses pour ne pas briser les feuilles, il faut les porter en magasin en enlevant de suite les feuilles, parce que l'action du soleil leur est nuisible dans cet état. Là, il faut les enfiler feuille par feuille de manière à ce qu'elles ne touchent pas les unes aux autres, les suspendre ainsi et les faire sécher à l'ombre dans un endroit ayant un courant d'air.

Lorsqu'elles sont assez séchées à l'ombre, il faut les sortir au soleil toujours suspendues de la même manière, afin que l'air puisse circuler librement autour de chaque feuille. Après quelques jours de mise au soleil en ayant soin de les rentrer le soir pour les préserver de la rosée, il faut mettre le tabac en paquets et les paquets en tas où on le laisse fermenter aussi long-temps qu'on peut et au moins deux mois; car le tabac n'est d'un débit avantageux que lors qu'il a passé sa fièvre qui dure près d'une année.

Ainsi j'évalue que pour un quintal métrique de tabac, il faudra :

2 journées pour la cueillette des feuilles..........................................F. 2

2 journées pour enfiler les feuilles, les suspendre aux cannes ou barres et suspendre les barres... 2

8/4 journées pour sortir le matin et renfermer le soir les tabacs................................ 2

2 journées pour faire les paquets et mettre les tabacs en tas................................ 2

Port des feuilles au magasin à la cueillette........................................ » 50

Cordes, emballage à la sortie pour la vente........................................ 1 50

Total............F. 10 par

100 kil., ou le 1/8 de la valeur calculée à 40 fr. les 50 kil.

## N° 28. — Constructions à faire.

La culture du coton étant beaucoup augmentée la cinquième année, les locaux existant actuellement, quoique fort spacieux deviendront insuffisans, même en y comprenant le grand hangar de la tuilerie, qui, sans gêner cette fabrication, pourra parfois servir de séchoir à l'ombre pour le tabac. Il faudra donc nécessairement construire plus tard de nouveaux hangars; il faudra aussi de nouvelles écuries, car on augmentera aussi le nombre des chevaux la cinquième année.

Le nombre des ouvriers augmentant aussi tant en hommes qu'en femmes à la même époque, il faudra faire relever les terrasses qui entourent la grande cour intérieure, et on pourra avec peu de frais construire de nouvelles chambres.

6

L'évaluation de ces dépenses et constructions est basée sur le coût de semblables travaux déjà faits sur les lieux; on peut donc la croire exacte et juste. Ce qui la réduit beaucoup, c'est qu'on aura les matériaux sous la main et qu'on n'aura que le bois de charpente à acheter.

## N° 29. — *Dépenses de la Direction à Marseille.*

Les dépenses de la direction et du conseil d'administration à Marseille, quoique bien modérées dans le principe surtout , prendront plus d'importance à fur et à mesure que la ferme prendra un plus grand développement. Nous avons donc dû suivre également cette progression dans le calcul des dépenses successives, et encore dans ces calculs ne se trouvent pas comprises les dépenses que la liquidation entraînera, surtout si la vente de la propriété est effectuée par suite de cette liquidation de société.

## N° 30. — CONCLUSION.

Au bout des dix années d'exploitation, si comme nous le pensons les travaux réussissent, selon nos prévisions, il est assez difficile de calculer ce que pourra valoir cette propriété; mais on peut raisonnablement espérer que celui qui l'achèterait à 500,000 fr., placerait ses fonds à plus de 25 % calculés d'après les revenus de la dixième année, avec l'espérance de leur voir produire 40 % cinq ans plus tard. On trouvera peut-être qu'il y a exagération; on traitera le tout de beau rêve; mais admettant la réussite de la culture du coton, qui n'est plus douteuse, nous voudrions qu'on nous démontrât en quoi nous faisons erreur dans ces aperçus et sur quel article il y a exagération.

# ACTE DE SOCIÉTÉ.

Les soussignés voulant acquérir une propriété rurale à Alger et en faire faire l'exploitation, ont constitué à cet effet une société en commandite par actions, sur les bases ci-après énoncées.

### ARTICLE PREMIER.

Une Société en Commandite par actions sera formée à Marseille, ayant pour unique objet l'achat et l'exploitation de la propriété de Bir-el-Olgéa, située au quartier de Dell'Ibrahim, à une lieue d'Alger, et de toutes les appartenances et dépendances actuelles de la propriété, à laquelle ont été réunies cinq autres petites propriétés rurales dites jardins de Mille, et sur laquelle a été construite une tuilerie et briqueterie, le tout conforme au plan communiqué.

### ART. 2.

La raison sociale sera                    pour la Société d'exploitation de Bir el Olgéa. Cette raison sociale sera entièrement distincte et séparée de la raison de commerce que pourrait avoir le Directeur-gérant à Marseille.

### ART. 3.

La durée de la Société est fixée à dix années qui commenceront à courir du

### ART. 4.

Toutes les actions et tous les souscripteurs d'actions sont commanditaires et ne peuvent, en aucun cas, être tenus de verser une somme excédant la valeur des actions souscrites.

Le sieur            directeur-gérant ne pourra se servir de la signature et des fonds de la société pour aucune affaire étrangère à ladite exploitation.

### ART. 5.

Le capital social est fixé à 200,000 fr. divisés en quarante actions de 5,000 fr. chacune.

### ART. 6.

Les actions seront nominatives, par unités et numéros suivis. Elles seront transmissibles et le transfert s'opérera par la simple déclaration des cédans. Il sera délivré un nouveau titre qui aura le même numéro que l'ancien.

### ART. 7.

Le paiement des actions se fera entre les mains du Directeur gérant à Marseille, moitié comptant et moitié trois mois après la constitution de la Société.

### ART. 8.

Ce capital de 200,000 fr. est spécialement affecté 100,000 fr. au paiement du prix d'achat de ladite propriété, et 100,000 fr. à sa mise en exploitation.

Le domaine de Bir-el-Olgéa deviendra donc la propriété de la nouvelle Société; et il sera passé pardevant notaire à Alger les actes nécessaires à cet effet. Les formalités seront accomplies aux frais de la Société. Moyennant ce prix, la nouvelle Société prend à sa charge le service et paiement des rentes annuelles et perpétuelles dont ces propriétés se trouvent grevées, lesquelles s'élèvent ensemble à la somme de

### Art. 9.

Dans le cas où il serait jugé utile d'accroître le capital commanditaire, une nouvelle émission d'actions pourra être effectuée, mais seulement après avoir été délibérée en assemblée générale des actionnaires, convoqués spécialement à cet effet au moins un mois d'avance, et approuvée à la majorité des présens.

### Art. 10.

Le directeur à Marseille aura seul la signature sociale. Il pourra, en cas d'absence ou d'empêchement quelconque, donner procuration privée ou notariée, ayant soin de la donner de préférence à un des actionnaires, si cela est praticable.

### Art. 11.

M. Nadaud sera le gérant à Alger et résidera sur la ferme. Il jouira d'un traitement annuel de 2,400 fr. Il ne pourra se livrer à aucune opération étrangère au but de l'entreprise, soit pour son compte, soit pour compte de tiers. Tous ses actes de gestion seront signés par lui. Il devra tenir les comptes de sa gestion parfaitement en règle et en partie double, de manière à présenter jour par jour la situation de ses opérations.

Le 30 de chaque mois, il remettra au directeur à Marseille :

1° Une-balance des écritures par nature de dépenses.

2° Un extrait de situation de la ferme.

3° Un rapport sur les travaux exécutés dans le mois écoulé et sur ceux projetés pour le mois suivant.

Le 30 août de chaque année, il remettra pareillement au directeur l'inventaire ou bilan de la ferme, accompagné d'une situation générale.

Il s'adjoindra le nombre d'employés et d'ouvriers nécessaires : il les révoquera lorsqu'il le jugera à propos : il fera faire les travaux et dirigera enfin tout ce qui sera relatif à cette exploitation.

Le gérant à Alger sera néanmoins tenu de se conformer aux instructions et aux dispositions qui lui seront indiquées par le directeur dont il est le délégué et le mandataire en Afrique.

### Art. 12.

Pour intéresser M. Nadaud dans la réussite de cette entreprise et pour qu'il y trouve une juste indemnité des soins qu'il devra y donner, il sera créé en sa faveur et pour lui tenir lieu de bénéfice dans l'opération, cinq actions non payantes, et copartageantes dans les cas ci-après ; elles ne seront pas négociables et ne pourront être distraites du registre à souche pour lui être remises, qu'à l'expiration de la société et à la condition suivante, savoir :

Chacune de ces actions non-payantes aura droit à une part proportionnelle dans la répartition des bénéfices annuels, pour tout ce qui excédera 5 o/o du capital : tant que les bénéfices annuels resteront au dessous de cet intérêt, il n'aura droit à aucun prélèvement.

L'excédant sera partagé par conséquent entre toutes les actions payantes et bénéficiaires. Ces dernières actions à la fin de la société, n'auront droit à une partie du capital que dans le cas où ce capital excédera la valeur de 200,000 fr., c'est-à-dire, que toute la valeur excédante sera divisée entre toutes les actions réunies.

### Art. 14.

Le directeur gère toutes les affaires de la société, en fait tenir la comptabilité générale. Il sera chargé à Marseille de tous les achats, des objets nécessaires et de toutes les ventes des produits, qui s'y effectueront plus convenablement qu'à Alger. Il tiendra la principale disposition des fonds de la société. Il donnera tous les trimestres une note détaillée aux actionnaires de la situation de la ferme et chaque année un bilan ou compte général de l'exploitation, lorsque celui du gérant d'Alger lui sera parvenu.

Le directeur actionnaire de la société, n'aura point d'honoraire. Il tiendra un compte courant avec intérêt, pour tous ses débours, frais de bureaux, de poste, de voyages, etc., il lui sera alloué une commission de 2 o/o sur tous les comptes d'achats et sur tous ceux de ventes qu'il sera dans le cas de dresser et d'effectuer; agissant à cet effet comme commissionnaire des actionnaires.

Le directeur devra être souscripteur au moins de trois actions qui ne seront pas négociables et serviront de cautionnement de sa gestion, et il aura droit à un pareil nombre de trois actions qui seront assimilées en tout aux cinq actions bénéficiaires créées en faveur du gérant à Alger.

### Art. 15.

L'assemblée générale des actionnaires désignera chaque année une commission de trois membres actionnaires qui formeront un conseil d'administration. Cette commission aura le droit d'inspection sur toutes les opérations du directeur et du gérant d'Alger. Ces derniers devront la consulter et prendre son avis dans toutes les dispositions importantes. Un registre sera tenu à l'effet d'y consigner les décisions prises par ce conseil d'administration et les avis fournis par lui et communiqués au directeur et au gérant, les bilans présentés annuellement aux actionnaires devront être approuvés par le conseil d'administration.

### Art. 16.

L'assemblée générale des actionnaires sera présidée par le directeur; elle sera convoquée à Marseille un mois d'avance; on motivera dans les convocations les principaux objets qui donneront lieu à la convocation. Les décisions seront prises à la majorité des membres présens; les voix seront comptées non par têtes, mais par nombre d'actions; les actionnaires pourront s'y faire représenter par des fondés de pouvoir qui devront en justifier au président et à l'assemblée.

L'assemblée générale prononcera sur toutes les propositions ou questions que le conseil d'administration, le directeur ou le gérant d'Alger pourront lui soumettre, après avoir pris connaissance de la situation annuelle et du compte général qui lui sera présenté par le directeur. Elle décidera s'il y a lieu à faire une répartition et quel doit être le dividende par action; elle décidera si un fonds de réserve peut être convenable, elle pourra enfin prononcer la dissolution de la société et indiquer le mode de la liquidation à suivre, dans le cas où le bilan de fin d'année présenterait une perte de 50 o/o du capital.

Les délibérations du conseil d'administration et de l'assemblée générale ne peuvent être obligatoires, tant pour le directeur de la société, que pour le gérant à Alger, que tout autant qu'elles ne pourront, sans leur consentement, porter atteinte aux droits et prérogatives qui leur sont accordés par le présent acte.

### Art. 17.

La mort ou la démission du directeur, si elle venait à avoir lieu pendant la durée de la société, ne provoquera pas la dissolution. L'assemblée générale fera choix d'un nouveau directeur qui ne pourra être pris que parmi les actionnaires. Quant aux trois actions bénéficiaires qui sont affectées à sa gestion, elles seront réglées ainsi qu'il est dit ci-après pour celles du gérant à Alger.

La mort du gérant à Alger ne provoquera pas davantage la dissolution; elle donnera lieu seulement à une liquidation de ses droits en faveur de ses héritiers ou ayant cause, de la manière suivante.

Si c'est pour cause de démission occasionée par tout autre motif qu'une maladie ou infirmité grave, cette démission sera considérée comme une renonciation à tous ses droits présens et à venir.

Si c'est par des causes graves et impératives ou par cas de mort, et que le conseil d'administration n'agrée pas l'un des trois successeurs que lui ou ses héritiers pourraient présenter, les droits du gérant seront réglés conformément au dernier bilan et proportionnellement au temps de l'année qui aura couru jusqu'au jour de son remplacement par le conseil d'administration, si ce cas de mort ou de démission avait lieu, lorsque déjà la propriété aurait rapporté un revenu annuel de 25,000 fr. et en sus, les propriétés, meubles et valeurs quelconques seraient estimés à dire d'experts contradictoirement nommés, et le décompte des sommes lui revenant pour ses cinq actions sera établi d'après cette estimation, de laquelle il sera toujours prélevé le coût capital, soit le fonds social. Le solde lui revenant sur cet excédant de valeur devra lui être compté dans les trois mois qui suivront ce règlement.

### Art. 18.

La société arrivant à son terme le          l'assemblée générale décidera si elle a l'intention ou non de continuer la durée de la société et de l'exploitation; dans ce cas, le gérant aura la faculté de se retirer, s'il le désire; le conseil d'administration aura à pourvoir à son remplacement, et les cinq actions lui appartenant lui seront délivrées et deviendront négociables.

Si au contraire la liquidation est décidée, les terres, leurs appartenances et dépendances seront vendues de gré à gré ou aux enchères publiques. Les sommes qui en proviendront seront versées dans la caisse sociale et réparties aux actionnaires à fur et à mesure de leur rentrée; les premières rentrées seront affectées au paiement du capital des quarante actions primitives, et tout l'excédant qui rentrera sera subdivisé entre les quarante-huit actions convenues.

### Art. 19.

Le conseil d'administration ou le directeur pourront, toutes les fois qu'ils le jugeront à propos, envoyer ou déléguer quelqu'un à Alger, pour inspecter l'état de la ferme et les livres du gérant. Les frais de ces voyages seront portés dans les comptes généraux des dépenses du directeur. Tout actionnaire qui sera de résidence ou de séjour momentané à Alger aura la même faculté en représentant au gérant le coupon de son action ou une lettre du directeur.

### Art. 20.

S'il survient des contestations pendant la durée de la société entre les actionnaires, le conseil d'administration, le directeur et le gérant, l'assemblée générale d'abord décidera des différens de son ressort pour tout ce qui a trait à l'exploitation et à l'exécution des conditions de la présente société; et ensuite des arbitres seront contradictoirement nommés pour les juger en dernier ressort. Ces arbitrages auront lieu à Marseille, siège de la société.

En cas de partage d'opinions des arbitres, ils nommeront un tiers pour les mettre d'accord, les parties renonçant à toutes voies d'appel juridique.

### Art. 21.

Les présens statuts ne pourront être changés ou modifiés que sur la proposition du directeur dans l'une des assemblées générales des actionnaires et par une délibération régulière, où la majorité sera présente ou représentée par des mandataires. Ces modifications seront transcrites à la suite des présens statuts, et communiquées à tous les actionnaires.

### Art. 22.

Pour faire publier les présens statuts, tous pouvoirs seront donnés aux titulaires d'actions porteurs d'un extrait certifié par le directeur.

### Art. 23.

Dans le cas où la liquidation définitive présenterait de la perte, elle sera supportée au prorata par les quarante actions. Mais dans le cas où elle aurait pour résultat l'absorbtion totale du capital social, les commanditaires qui ne peuvent être tenus à aucun autre appel de fonds, ne seront passibles en faveur des gérans ou des tiers, d'aucune répétition, pour la perte excédant; non plus que d'aucun rapport pour les dividendes perçus et répartis dans le cours de la société.

### Art. 24.

Pour l'exécution du présent acte, domicile est élu par tous les intéressés à Marseille.

*Explication des numéros dans le principal bâtiment.*

N°¹ 1 Cour intérieure.
2 Cour extérieure.
3 Écurie pour chevaux et mulets.
4 étable à bœufs et vaches.
5 Bergerie.
6 Étable pour les cochons.
7   id.   agneaux.
8   id.   veaux.
9 Logement des bédouins bergers.
10 Loges à cochons, nouvelles constructions.
11 Poulailler.
12 Remise nouvellement construite.
13 Grand magasin.
14   id.
15 Chambre.
16 Cuisine.
17 Souillarde.
18 Chambre.
19   id.
20 Kiosque.
21 Vignes et citronniers formant une treille.
22 Passage pour monter sur les terrasses.
23 Bassin alimenté par une pompe et abreuvoir.
24 Chambre.
25 Bains.
26 Passage et escalier conduisant aux 1ᵉʳ et et 2ᵉ étages.
27 Passage d'entrée et de sortie.
O Bassin et jet d'eau dans la cour.

La pompe se trouve sur la terrasse au-dessus du n° 6 et peut donner de l'eau partout.

Il y a sur la terrasse au-dessus du n° 22 un grand pigeonnier nouvellement construit.

Les terrasses sont au-desus des n°ˢ 15, 16, 17, 18, 19 et 20.

Au-dessus des magasins n° 13, 14 et chambre 24 se trouvent deux étages formant logement complet à la mauresque.

La longueur de la maison est de 41 mètres, sa largeur de 33 mètres, la nouvelle remise non comprise. Exposition midi et nord.

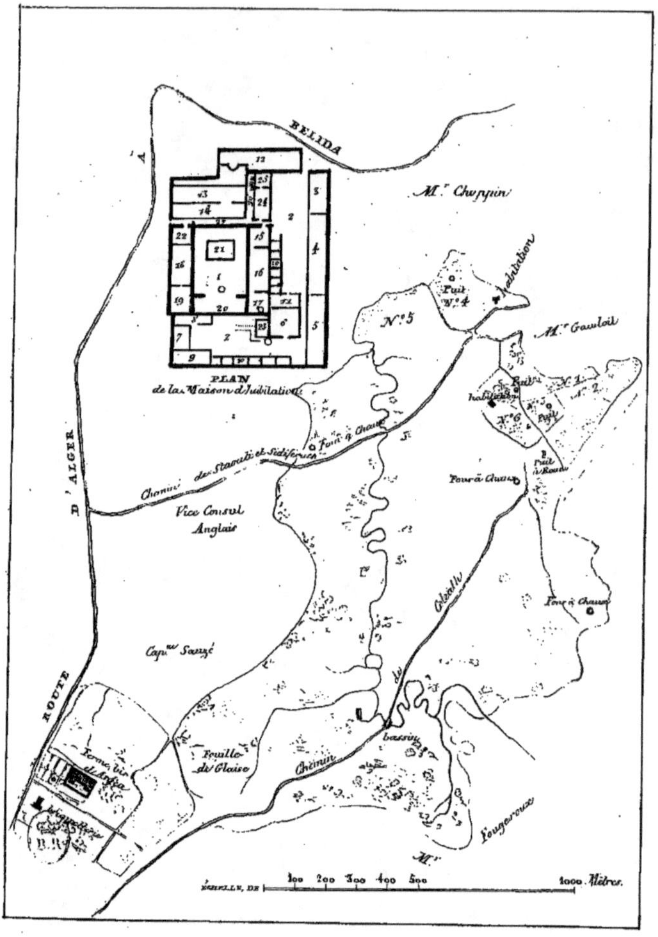

PLAN
de la Maison d'Habitation

BELIDA

M.<sup>on</sup> Chappin

D'ALGER

ROUTE

Vice Consul
Anglais

Cap.<sup>ne</sup> Sanré

Ferme bis
de Salfia

Fruille
de Glaise

Chemin

bassin

M.

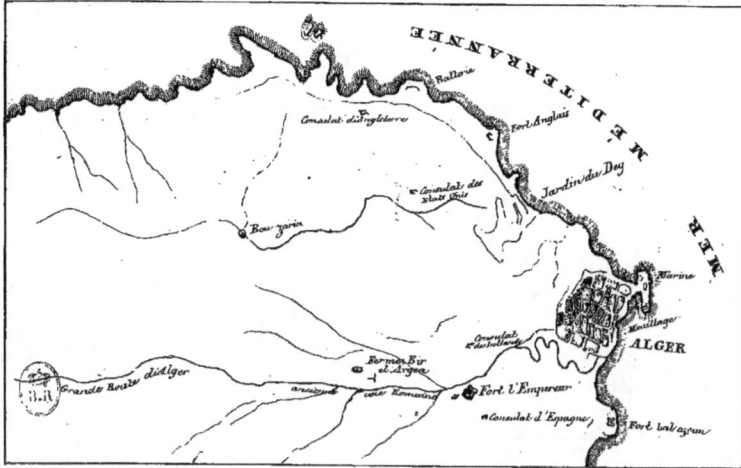

VUE DE LA FERME BIR EL ARGEA.